CONCEPÇÃO DE SISTEMAS
PARA REDUZIR OS CUSTOS DOS CONFLITOS

Resolução de Conflitos

**WILLIAM URY, JEANNE BRETT
e STEPHEN GOLDBERG**

Actual Editora
Conjuntura Actual Editora, S. A.

Missão
Editar livros no domínio da Gestão e da Economia e tornar-se uma editora de referência nestas áreas. Ser reconhecida pela sua qualidade técnica, **actualidade** e relevância de conteúdos, imagem e *design* inovador.

Visão
Apostar na facilidade e compreensão de conceitos e ideias que contribuam para informar e formar estudantes, professores, gestores e todos os interessados, para que através do seu contributo participem na melhoria da sociedade e gestão das empresas em Portugal e nos países de língua oficial portuguesa.

Estímulos
Encontrar novas edições interessantes e **actuais** para as necessidades e expectativas dos leitores das áreas de Economia e de Gestão. Investir na qualidade das traduções técnicas. Adequar o preço às necessidades do mercado. Oferecer um *design* de excelência e contemporâneo. Apresentar uma leitura fácil através de uma paginação estudada. Facilitar o acesso ao livro, por intermédio de vendas especiais, *website*, *marketing*, etc.
Transformar um livro técnico num produto atractivo. Produzir um livro acessível e que, pelas suas características, seja **actual** e inovador no mercado.

CONCEPÇÃO DE SISTEMAS
PARA REDUZIR OS CUSTOS DOS CONFLITOS

Resolução de Conflitos

**WILLIAM URY, JEANNE BRETT
e STEPHEN GOLDBERG**

www.actualeditora.com
Lisboa — Portugal

Actual Editora
Conjuntura Actual Editora, S. A.
Rua Luciano Cordeiro, 123 - 1º Esq.
1069-157 Lisboa
Portugal

TEL: (+351) 21 3190240
FAX: (+351) 21 3190249

Website: www.actualeditora.com

Título original: *Getting Disputes Resolved*
Copyright © 1993 William L. Ury, Jeanne M. Brett e Stephen B. Goldberg

Edição original publicada por Pon Books

Edição: Actual Editora – Outubro de 2009
Todos os direitos para a publicação desta obra em Portugal reservados por Conjuntura Actual Editora, S. A.
Tradução: Soares Franco, L.ᵈᵃ
Copy: Marta Pereira da Silva
Revisão técnica: Convirgente
Design da capa e paginação: Fernando Mateus
Gráfica: Guide – Artes Gráficas, L.ᵈᵃ
Depósito legal: 300629/09

Biblioteca Nacional de Portugal - Catalogação na Publicação
RESOLUÇÃO DE CONFLITOS
Resolução de conflitos / William Ury... [et al.] ISBN: 978-989-8101-72-3
I - URY, William
CDU 005 316

Nenhuma parte deste livro pode ser utilizada ou reproduzida, no todo ou em parte, por qualquer processo mecânico, fotográfico, electrónico ou de gravação, ou qualquer outra forma copiada, para uso público ou privado (além do uso legal como breve citação em artigos e críticas) sem autorização prévia por escrito da Conjuntura Actual Editora.
Este livro não pode ser emprestado, revendido, alugado ou estar disponível em qualquer forma comercial que não seja o seu actual formato sem o consentimento da sua editora.

Vendas especiais:
O presente livro está disponível com descontos especiais para compras de maior volume para grupos empresariais, associações, universidades, escolas de formação e outras entidades interessadas. Edições especiais, incluindo capa personalizada para grupos empresariais, podem ser encomendadas à editora. Para mais informações contactar Conjuntura Actual Editora, S. A.

Índice

Prefácio à Edição Portuguesa 9

Prefácio 17

Agradecimentos 25

Sobre os Autores 29

PARTE UM: COMPREENDER E CONCEBER SISTEMAS DE RESOLUÇÃO DE CONFLITOS 33

Capítulo 1 Três Abordagens à Resolução de Conflitos . . . 35

Capítulo 2 Diagnóstico do Sistema
de Resolução de Conflitos Actual 55

Capítulo 3 Concepção de um Sistema Eficaz
de Resolução de Conflitos 79

Capítulo 4 Um Sistema Funcional 109

PARTE DOIS: CONSTRUÇÃO DOS SISTEMAS DE RESOLUÇÃO DE CONFLITOS 131

Capítulo 5 Diagnóstico dos Problemas de uma Indústria . . . 133

Capítulo 6 Concepção de um Sistema Económico
de Resolução de Conflitos 149

Capítulo 7 Redução dos Custos dos Conflitos numa Indústria . . . 187

Capítulo 8 Conclusão 223

Apêndice 229

Notas 231

Apresentação da Convirgente 243

Prefácio à Edição Portuguesa

Como resolver conflitos organizacionais através de sistemas concebidos com o propósito de se atenuarem ou suprimirem os custos que geram é, em sentido amplo, o tema central desta obra de William L. Ury, Jeanne M. Brett e Stephen Goldberg.

Alcançar a resposta a esta questão levou os autores, em finais dos anos 70, época em que a conflitualidade laboral na indústria extractiva atingira níveis extremos, ao desafio de, numa mina de carvão nos EUA, a que dão a designação fictícia de Caney Creek, pôr em prática uma metodologia adequada à dita finalidade, experiência que constitui o objecto do *case study* que, pormenorizadamente, descrevem.

É consabido que a eclosão de *conflitos*, presentes em todos os relacionamentos humanos – nas sociedades, nas organizações, nas famílias – é incontornável porque inerente à natureza humana.

O detonador (*trigger*, gatilho) que produz a situação conflitual, que pode assumir proporções de grande dimensão e efeitos perniciosos, ambos imprevisíveis, não carece emergir de uma ocorrência que aparente uma particular gravidade.

Exemplo elucidativo é aquele com que se inicia esta obra - o desaparecimento das botas de um mineiro, nas instalações da empresa, circunstância que o impedia de trabalhar por ser um equipamento de uso pessoal imprescindível para a sua actividade e o entendimento manifestado, por parte da sua chefia, de que, de acordo com as normas estabelecidas, aquela entidade não tinha de assumir qualquer responsabilidade pelo ocorrido.

A ambos assistiria porventura razão, segundo os respectivos pontos de vista. Um bramia a espada da justiça. O outro escudava-se atrás da rigidez da norma ou, melhor dizendo, da ausência dela.

Mas nem sempre o que é considerado "justo" beneficia de tutela normativa.

Donde se reforça na consciência colectiva, a convicção de que existe uma dualidade entre a *Justiça* e o *Direito*.

Este fenómeno é particularmente notório em situações de todos conhecidas, que assumem notoriedade pública através do papel interventor dos *media* quando estão em causa decisões judiciais ou opções legislativas, sobretudo as que recaem em áreas mais sensíveis como são as de natureza familiar, penal ou laboral.

O que acontece, segundo a acepção que perfilhamos, é que o acto de legislar, e retomemos o direito laboral por ser bem exemplificativo, é um mero produto da concepção e actividade humanas, sujeito a factores vários – circunstancialismos sociais, condicionantes económicas ou desígnios políticos de que o "legislador" é o legítimo intérprete.

O Estado de Direito, garante do exercício da cidadania, assenta no princípio da legalidade e da igualdade de todos perante a lei que, por seu turno, porta a chancela da generalidade e da abstracção.

O acto material de aplicar a lei não é limitado aos tribunais e, em regra, estes só são chamados a fazê-lo quando se esgotam outros recursos de resolução negociada extrajudicial.

Os directores de recursos humanos são, por exemplo, aplicadores do direito por excelência no seio das empresas e organizações.

Mas nem sempre o que é conforme com a lei é considerado "justo".

Pelo contrário, o que cada um de nós entende por "justiça" ou "fazer justiça" rege-se por valores individuais ou colectivos, marcados por enquadramentos culturais, geográficos, religiosos, temporais, corporativos.

Nos casos em que somos actores e não meros observadores, à nossa análise falece distanciamento e imparcialidade, incapazes de abandonar as lentes através das quais nos habituamos a ver o que nos rodeia.

Voltando ao caso em apreço, nenhuma norma com valor jurídico obrigava a entidade empregadora a responsabilizar-se pelo equipamento dos seus trabalhadores.

Esta posição correspondia a critérios de legalidade estrita e, nesse sentido, é insusceptível de censura.

Mas, por outro lado, o facto de o mineiro se ver impedido de trabalhar e auferir o correspondente salário nas circunstâncias descritas, não será, à luz de critérios de justiça, ainda que ditados pelo senso comum, digno de reprovação?

A construção da tese que os autores nos propõem assenta, pois, em dois eixos fundamentais – o *conflito*, enquanto conceito autónomo que atrás abordámos e os *custos* - que estes comportam.

Se a propósito de conflitos as ciências humanas, tais como a psicologia, a sociologia ou a antropologia, se têm vindo a ocupar abundante e detalhadamente, sendo observável uma evolução conceptual que, naturalmente, nos leva à conclusão que o tema está bem longe de se encontrar esgotado, já a problemática em questão – "que preço pagamos pelos conflitos?" – não tem merecido, pelo menos entre nós, particular atenção.

Não nos referimos aqui aos *custos* morais, que são reais mas cuja avaliação se confronta com aspectos de ordem subjectiva.

Tão pouco aos custos colaterais que afectam a sociedade em geral, com especial ênfase nos conflitos laborais.

Estes contribuem, indirectamente, para o aumento da despesa pública, na medida em que o Estado é responsável pelos apoios sociais devidos no desemprego e na doença.

E é sabido que muitas patologias, sobretudo as de foro psicológico, têm origem e acompanham situações de crise pessoal grave decorrentes de conflitos laborais motivados por *bullying*, assédio, discriminação e despedimento.

As despesas suportadas com honorários de advogados e os encargos judiciais, quando há recurso para os tribunais, são, por seu turno, custos, estes objectivamente quantificáveis.

Mas, o que verdadeiramente importa, tendo em vista o aprofundamento da tese propugnada nesta obra, é a tomada de consciência de que, para além do que já mencionámos, existem outros custos, que não sendo despiciendos, são aparentemente ignorados ou subestimados.

Se questionarmos um gestor ou um empresário acerca de quanto despende na sua organização com abastecimento eléctrico, telecomunicações ou remunerações obteremos uma resposta concreta.

Mas o que acontece se lhe perguntarmos: "Quanto gasta anualmente a sua empresa com os conflitos?"

Nas organizações ou nas empresas, não é prática corrente instituir uma "Central de custos dos conflitos". Temos consciência que, dita desta forma, a ideia de isolar estes encargos pode parecer ao leitor extravagante ou absurda.

Mas vejamos.

Por vezes as situações de conflito numa organização estão ocultas. Todavia, é possível identificá-las a partir dos seus efeitos – o absentismo, a diminuição da produção, o decréscimo de encomendas, a redução dos valores facturados, a frequência e natureza das reclamações veiculadas pelos clientes.

Como podemos constatar pela leitura desta obra, os autores, especialistas em concepção de sistemas de resolução de conflitos, dispõem das ferramentas e aptidões necessárias à identificação respectiva, quer o conflito seja manifesto ou esteja, ainda, oculto ou dissimulado.

Num caso ou no outro, é possível apurar, por referência a tais factores, os prejuízos gerados pelos conflitos e produzir um diagnóstico com base na análise efectuada.

PREFÁCIO À EDIÇÃO PORTUGUESA

Hoje em dia, pela utilização de simuladores expressamente criados para o efeito, podemos calcular com rigor considerável tais custos reportados a um dado período temporal, o que pode constituir um instrumento de gestão precioso e um ponto de partida para a adopção de medidas preventivas ou correctivas.

Tendo por assente que os conflitos sempre existirão e, por outro lado, que os seus efeitos comportam encargos elevados, nem sempre identificados, estamos em condições de retomar a questão inicial: como resolver conflitos organizacionais através de sistemas concebidos com o propósito de se atenuarem ou suprimirem os custos que geram.

Como os autores puderam concluir, através do *case study* que analisaram, é, em tese geral, possível pôr em prática metodologias que não apenas propiciam a atenuação dos custos dos conflitos mas, em simultâneo, alcançar ganhos, através de soluções satisfatórias, beneficiando, por esta via, todos os intervenientes.

Para tanto, aportam o conceito de "concepção de um enquadramento básico de resolução de conflitos", que entre nós podemos designar de "Plano e prevenção, gestão e resolução de conflitos".

De alguma forma, identificamos aqui algum paralelismo com os conhecidos, não obstante consideravelmente recentes mas legalmente consagrados, "Planos de higiene, segurança e saúde no trabalho" ou "Planos de qualidade".

A proposta que nos é apresentada é, a todos os títulos, sedutora:

Tornar mais produtivas e rentáveis as empresas ou instituições, nas quais, através da aplicação de metodologias adequadas, se transmutem as formas relacionais tradicionais fundadas em antagonismos enraizados em práticas colaborativas e dialogantes, fundadas nas já conhecidas técnicas da negociação e da mediação.

A existência de um "plano de prevenção, gestão e resolução de conflitos" garante que qualquer diferendo surgido na empresa possa ser acolhido e tratado no seu seio por meios que privilegiem o acordo e o diálogo.

Os autores, sem contudo manifestarem a pretensão de que existe um "poção mágica" de efeitos imediatos e aplicação generalizada, descrevem, com assinalável detalhe, as técnicas utilizadas, os caminhos percorridos, as múltiplas dificuldades que sentiram para que o projecto que eles abraçaram pudesse conduzir a resultados frutuosos, no final plenamente alcançados.

Desde já os "planos" carecem ser ajustados à realidade de cada uma das instituições. Para a sua concepção os especialistas devem congregar consensos, ouvir os envolvidos. Se necessário, ainda que em sentido figurado, "descer ao fundo da mina".

O que importa é assegurar que o produto final resulta de uma decisão colectivamente aceite e reconhecida e não unilateralmente imposta.

Além disso, é assinalável registar que subjaz uma enorme preocupação pedagógica no sentido de converter o que foi o saber adquirido em ensinamento. Claro, pois, o propósito de habilitar futuros especialistas em concepção de sistemas de gestão de conflitos de modo a desenvolver, ampliar, consolidar e, no limite, institucionalizar esta prática e reconhecer a actividade.

Todavia, esta obra, tal como os autores manifestam, não se destina apenas a profissionais de gestão e resolução de conflitos, mas, igualmente, a profissionais do foro, empresários, gestores, empregadores, trabalhadores e respectivas entidades representativas.

Mas a escrita narrativa, em certas passagens com um detalhe quase cinematográfico, torna a leitura simples e apelativa, acessível e com interesse para todos os públicos.

Pela primeira vez publicada nos Estados Unidos da América em 1988 mas que apenas agora surge entre nós, numa edição traduzida para português, não apenas conserva, não obstante o tempo transcorrido, como vê hoje reforçada a sua actualidade.

Dado que se trata de uma obra referencial, no sentido de que foi precursora da adopção de múltiplos "sistemas de concepção, prevenção, gestão e resolução de litígios", hoje adoptados por muitas empresas, nacionais e multinacionais, e instituições privadas e públicas, tivemos a preocupação de ser fiéis ao texto original.

Não apenas na ordem jurídica interna, como na comunitária ou na internacional, se aponta claramente no sentido de ver reforçados os meios consensuais de resolução de conflitos, máxime a mediação, já consagrada em textos normativos como um meio, por excelência, de acesso ao direito e à justiça que, ademais, permite reforçar os valores democráticos da autodeterminação e da cidadania.

Resta-nos manifestar aos autores o nosso reconhecimento por haverem permitido que esta obra fosse acessível ao público português, muito em especial ao Prof. Stephen B. Goldberg que sempre correspondeu aos convites que lhe foram dirigidos para, em conferências públicas realizadas em Portugal em 2000 e 2003, trazer até nós o precioso contributo da sua experiência e saber.

Lisboa, 31 de Agosto de 2009

MARIA DA CONCEIÇÃO OLIVEIRA
Mediadora, Consultora do Conselho da Europa para a área da mediação e Advogada.

Prefácio

Como persuadir as pessoas e organizações a falarem mais e a lutarem menos? Se a maneira habitual de resolverem os seus problemas consiste no recurso aos tribunais, à greve, à ameaça de romper a relação ou à agressão física, como as incentivar a optar por uma via alternativa, ou seja, a negociar as suas diferenças? Se a relação ou organização for nova – um casamento, um consórcio ou uma empresa – como assegurar que os conflitos futuros serão resolvidos eficazmente e num espírito de colaboração?

O leitor pode ser um director confrontado com uma série de conflitos com ou entre os seus colaboradores, com os clientes ou fornecedores ou com outros departamentos. Pode ser um advogado hesitante sobre a melhor forma de redigir um contrato de parceria que preveja a resolução dos conflitos pela via negocial e não judicial. Ou pode ser um profissional desta área – um mediador, ou um conselheiro familiar – lidando com pessoas que vivem permanentemente em conflito, com elevados custos para elas próprias e para a comunidade. Pode estar pessoalmente envolvido na disputa ou ser um observador.

Qualquer que seja a sua posição, os custos do litígio – honorários de advogados, perda de salários e de produção, danos físicos e emocionais – são, com frequência, excessivos. Por outro lado, os resultados dos conflitos são geralmente insatisfatórios: as pessoas não obtêm o que desejam ou necessitam, as relações deterioram-se, os contratos rescindem-se e as antigas querelas voltam à superfície. As consequências destes padrões conflituais podem ser graves: num negócio, perda de produção e produtividade;[1] num casamento, filhos infelizes e divórcio; entre nações, derramamento de sangue e guerra.

Embora alguns conflitos possam ser evitados, na maioria dos casos isso é impossível. Quando existem relações continuadas entre pessoas com interesses muito diferentes, é inevitável que surjam conflitos. Estes podem ter consequências construtivas se as partes exprimirem as suas divergências, fizerem concessões difíceis, conseguirem um acordo que satisfaça as necessidades (e mesmo as aspirações) essenciais de cada uma e tiverem capacidade para colaborar num outro campo. Este processo pode constituir um factor de crescimento e mudança, quer para os indivíduos, quer para as organizações.

Se os conflitos são inevitáveis, o que se pode fazer para os resolver satisfatoriamente? Num caso concreto, o mediador poderá intervir pessoalmente para tentar resolvê-lo mas, mesmo que tenha êxito, a divergência de interesses subjacente que gerou o conflito permanece. Irão surgir novos conflitos e as partes voltarão a confrontar-se. Para se obter um efeito que perdure para além de um conflito isolado, é necessário desenvolver procedimentos que possam ser utilizados pelas partes, mesmo na ausência do mediador, para resolver os seus conflitos, de um modo mais satisfatório e menos oneroso.

Foi este o desafio enfrentado pelos representantes sindicais e da administração da International Harvester, no início da década de 1960. Na altura, poucas reivindicações dos colaboradores eram resolvidas por negociação e muitas eram submetidas a dispendiosas arbitragens. Finalmente, o árbitro permanente, David Cole, pressionou os representantes do sindicato e da administração para que desenvolvessem em conjunto novos procedimentos orientados para resolver oralmente as reivindicações, no dia em que eram apresentadas. A melhoria foi radical: numa das fábricas, por exemplo, o número de reivindicações escritas baixou de 450 para 3 por mês. As contestações diminuíram em toda a empresa, as relações entre trabalhadores e administração melhoraram e, pela primeira vez em doze anos, foi possível evitar uma greve contra os termos de um novo contrato.[2]

A IBM e a Fujitsu enfrentaram um desafio semelhante nos anos 80. Os dois gigantes tinham-se digladiado durante anos em centenas de conflitos, em que a IBM acusava a Fujitsu de ter roubado o seu *software*. Num impasse, as duas empresas, com o auxílio dos árbitros Robert Mnookin e John Jones, negociaram um conjunto de procedimentos que permitiram à Fujitsu examinar e utilizar o *software* da IBM, mediante uma compensação monetária adequada. O resultado: futuros conflitos sobre utilização seriam resolvidos por um perito técnico neutro, ao passo que os diferendos sobre compensação seriam solucionados pelos árbitros.[3]

Verificou-se uma situação semelhante na Escola Secundária Bryant de Nova Iorque. Afectada pelo clima de tensão e violência, a escola instituiu um programa de mediação no início da década de 80. Dezenas de alunos, professores, administradores e pais receberam formação intensiva em técnicas de mediação, tendo resolvido conflitos, desde os decorrentes de problemas entre aluno-professor e aluno-progenitor, até ataques físicos entre alunos. O número de suspensões por agressões diminuiu drasticamente e o ambiente geral da escola melhorou. Este programa eficaz foi alargado a outras escolas secundárias e, desde então, tem sido utilizado a nível nacional.[4]

Em muitas famílias, os problemas entre os pais e os seus filhos adolescentes são "resolvidos" através de confrontação e agressão, terminando frequentemente na barra do tribunal. Mesmo que o problema que levou a família ao tribunal seja solucionado, os conflitos subjacentes mantêm-se e o ciclo de confrontação, agressão e tribunal continua. Numa tentativa de quebrar este círculo, o *Children's Hearings Project* em Massachusetts ensinou muitas famílias a recorrerem à negociação e à prevenção para resolverem os seus problemas, em vez do confronto e da agressão. Seis a nove meses depois da audiência, dois terços das famílias participantes reportaram que as discussões e confrontos se reduziram a quase metade e afirmaram que resolviam as questões conversando.[5]

Todos estes exemplos demonstram que a alteração dos procedimentos de resolução de conflitos pode reduzir os custos inerentes aos mesmos. No entanto, não basta alterar procedimentos; os litigantes necessitam de possuir a motivação, as competências e os recursos adequados para os utilizar. O desafio consiste em modificar o sistema de resolução de conflitos – o conjunto global de procedimentos utilizados e os factores que influenciam a sua utilização – a fim de incentivar as pessoas e organizações a falarem das suas divergências sem se envolverem em litígios.

Conceber um sistema de resolução de conflitos é um pouco como conceber um sistema de controlo de inundações. Tal como a chuva, o conflito é inevitável. Devidamente controlado, pode ser positivo, quando excessivo pode causar problemas. O desafio consiste em criar uma estrutura que permita a resolução dos conflitos a custos reduzidos. É este o tema tratado em *Resolução de Conflitos*.

OBJECTIVOS E PÚBLICO-ALVO

Este livro baseia-se na nossa experiência como técnicos de concepção de sistemas de resolução de conflitos na indústria do carvão e na de outros que elaboraram sistemas análogos para empresas, departamentos governamentais, escolas, igrejas, associações de moradores, famílias e países. Tentamos aqui resumir os ensinamentos colhidos e apresentar um *case study* pormenorizado da nossa experiência na indústria carbonífera.

Este livro visa atingir várias audiências. Uma delas é constituída por aqueles cuja profissão inclui a resolução de conflitos, como advogados, mediadores, diplomatas, juízes, árbitros, representantes sindicais, directores de recursos humanos, provedores de justiça e conselheiros familiares. Uma outra integra aqueles que, preocupados com os custos dos conflitos nas suas organizações ou relações, pretendem conceber um sistema de resolução mais adequado. Podem ser responsáveis do departamento de apoio a clientes que procuram agilizar os procedimentos de tratamento de reclamações, directores-gerais que tentam encontrar formas de resolver diferendos num consórcio ou agentes governamentais preocupados com as permanentes contestações judiciais aos regulamentos administrativos. Outro público-alvo similar é formado por consultores empresariais que, chamados a solucionar outros problemas, como a diminuição da produtividade, constatam que um elemento essencial da solução passa pela mudança do sistema de resolução de conflitos. Um quarto grupo de destinatários deste livro reúne académicos, investigadores e alunos interessados em compreender, desenvolver e avaliar sistemas alternativos de resolução de conflitos.

SÍNTESE

Este livro inicia-se com a apresentação do esquema conceptual básico subjacente à nossa abordagem. No Capítulo 1, distinguimos três processos fundamentais de resolver conflitos: conciliar os interesses dos litigantes, determinar quem tem razão e determinar quem é mais poderoso. O primeiro é exemplificado pela negociação, o segundo pelo recurso aos tribunais e o terceiro pelas greves e guerras. Defendemos que, de um modo geral, a abordagem centrada nos interesses é menos dispendiosa e mais gratificante do que a centrada nos direitos, a qual, por sua vez, é menos dispendiosa e mais gratificante do que a centrada no poder. O objectivo consiste, portanto, em criar um sistema que permita aos litigantes recorrerem, sempre que possível, a procedimentos baseados nos interesses ou, como alternativa, a procedimentos de baixo custo centrados nos direitos (arbitragem consultiva) ou no poder (votação).

O primeiro passo para a criação de um sistema novo deste tipo consiste no diagnóstico da realidade existente. No Capítulo 2, apresentamos um modelo de sistema de resolução de conflitos. O diagnóstico incide em três questões: Que tipos de conflitos ocorrem? Como são resolvidos? Porque se utilizam determinados processos e não outros? A identificação de alguns dos factores subjacentes – falta de procedimentos, motivação, competências e recursos – podem sugerir as alterações a fazer. Será possível conceber procedimentos que satisfaçam as mesmas necessidades a um custo mais reduzido?

Definimos, no Capítulo Três, seis princípios básicos da concepção de um sistema de resolução de conflitos. O primeiro consiste em colocar a tónica nos interesses; o segundo em criar vias que incentivem os litigantes a regressar à negociação; o terceiro em estabelecer procedimentos de custo reduzido baseados nos direitos e no poder que, em caso de insucesso de todas as outras medidas, possam oferecer uma solução; o quarto em prevenir, sempre que possível, os conflitos através de consultas prévias e de *feedback* construtivo após o conflito; o quinto em ordenar os vários procedimentos por ordem crescente de custos e o último em providenciar a motivação, competências e recursos necessários. A aplicação destes seis princípios permite implementar um sistema económico de resolução de conflitos.

No entanto, a definição dos princípios não produz necessariamente um sistema exequível. Como demonstramos no Capítulo 4, a criação de um sistema de resolução de conflitos não consiste apenas na tarefa técnica de introduzir as melhores alterações, mas também num esforço político para garantir apoio, vencer resistências e motivar as pessoas a utilizarem os novos procedimentos. Nem é sequer uma questão de ter a resposta certa e tentar convencer as partes. Os participantes têm frequentemente ideias úteis sobre o que está errado e o que é necessário, aquilo que irá ou não resultar no seu caso concreto. O sistema deve, pois, integrar os conhecimentos do responsável pela sua elaboração e os dos intervenientes no conflito. Além disso, o processo de concepção pode exigir uma mediação entre as partes para determinar quais as alterações necessárias. Trabalhar com as partes – envolvê-las no processo de diagnóstico, concepção e implementação – é portanto um elemento essencial da concepção de um sistema de resolução de conflitos.

Depois de explicarmos o processo de diagnóstico, concepção e implementação de alterações de um sistema de resolução de conflitos, apresentamos um *case study* pormenorizado ocorrido na indústria do carvão. No Capítulo 5, descrevemos o estudo realizado em 1978 por Brett e Goldberg sobre greves selvagens na indústria do carvão betuminoso, cujo número atingira mais de três mil por ano. Com base neste estudo, ou autores concluíram que uma mina de carvão podia funcionar sem greves selvagens mas que, para tal, era necessário estabelecer um relacionamento construtivo entre a administração da mina e os sindicatos.

Em 1980, como referimos no Capítulo 6, trabalhámos em equipa naquela que era provavelmente a mina com mais greves na indústria do carvão. A mina de Caney Creek tinha sido palco de 30 greves selvagens nos dois anos anteriores – para além de ameaças de bomba, *layoffs*, sabotagem e a detenção, durante a noite, de 115 mineiros.[6] A situação tornara-se de tal modo dispendiosa, que a empresa estava a considerar a hipótese de, pura e simplesmente, encerrar a mina. A partir de sugestões dos representantes dos sindicatos e da administração, efectuámos o diagnóstico do problema e concebemos um programa de alterações destinado a promover a negociação entre os mineiros e a administração. Tentámos mediar a adopção das alterações e, em seguida, ajudámos as partes a implementar o programa. Após a nossa intervenção, as greves selvagens em Caney Creek cessaram durante praticamente um ano. As reivindicações foram negociadas com êxito, a produtividade dos mineiros aumentou significativamente e os trabalhadores despedidos foram reintegrados. Decorridos oito anos, o sistema de resolução de conflitos continuava a ser utilizado.

No Capítulo 7, descrevemos os esforços de Goldberg para aplicar a nível de toda a indústria os ensinamentos sobre resolução de conflitos que tínhamos adquirido numa única mina. A partir de 1980, tentou alterar o sistema de resolução de litígios praticado na indústria do carvão, introduzindo a mediação baseada nos interesses como uma alternativa à arbitragem baseada nos direitos. A mediação prometia ser mais rápida e menos dispendiosa do que a arbitragem e produzir resultados mais satisfatórios. Esta promessa foi rapidamente cumprida mas, embora o processo de mediação tenha sido alargado a outras indústrias, deparou-se também com resistências consideráveis. Este capítulo aborda as fontes de resistência e os esforços de Goldberg para as vencer.

Em suma, o livro apresenta uma estrutura básica para a concepção de sistemas de resolução de conflitos, uma série de ensinamentos e exemplos para os técnicos e um *case study* detalhado. A concepção destes sistemas representa um método prático de reduzir os custos do conflito e de obter, simultaneamente, os benefícios inerentes a uma resolução satisfatória. O contributo específico de uma abordagem deste tipo é que a mesma considera não apenas um conflito único, mas o conjunto de conflitos que ocorrem – e continuarão a ocorrer – numa relação ou numa organização.

Lincoln, Massachusetts WILLIAM L. URY
Chicago, Illinois JEANNE M. BRETT
Venasque, França STEPHEN B. GOLDBERG

Setembro de 1988

Agradecimentos

Ao analisarmos retrospectivamente os nossos três projectos na indústria do carvão, sentíamos que existia uma coerência, mas não sabíamos como a exprimir. Tal como Monsieur Jourdain de Molière, que um dia ficou estupefacto ao descobrir que toda a sua vida tinha falado em "prosa", queríamos saber que tipo de linguagem tínhamos estado a utilizar. Não éramos mediadores, isto é, não estávamos a tentar resolver conflitos específicos. Estávamos sim a tentar alterar a forma como as partes solucionavam os seus litígios.

Decidimos escrever um livro sobre o tema que relatasse as nossas experiências e as de outros que, em contextos tão variados como famílias, empresas, associações de moradores e países, se tinham dedicado a esta mesma tarefa, a que demos os nome de concepção de sistemas de resolução de conflitos.

Estamos profundamente reconhecidos pelo apoio que muitas pessoas nos prestaram. Os nossos horizontes alargaram-se e a nossa experiência ficou enriquecida graças aos especialistas em concepção, que passaram inúmeras horas connosco partilhando as suas experiências, a saber: Richard Chasin, John Dunlop, Mary Margaret Golten, Eric Green, William Hobgood, Deborah Kolb, Michael Lewis, Bernard Mayer, Marguerite Millhauser, Robert Mnookin, Christopher

Moore, Richard Salem, Carl Schneider, Raymond Shonholtz, Sylvia Skratek, Linda Singer, Karl Slaikeu, Lawrence Susskind, Marty Van Parys e Susana Wildau. O seu trabalho confirmou a existência de princípios gerais de concepção aplicáveis em diferentes contextos.

A obra ficou extremamente enriquecida com os comentários dos que leram as versões iniciais do manuscrito e que nos levaram a tratar de questões importantes que, de outro modo, teríamos descurado. Muitos dos técnicos de concepção que entrevistámos fizeram sugestões, como é o caso de Graham Allison, James Anderson, Max Bazerman, Philip Cousins, Harry Edwards, Julius Getman, Thomas Kochan, David Lax, Michael LeRoy, Roy Lewicki, Martin Linsky, Robert McKersie, Jeffrey Rubin, Marc Sarkady, Frank Sander, Mark Sommer e Rolf Valtin. Estamos profundamente gratos a cada um deles, bem como a Stephen Bates pelo seu excelente apoio editorial.

Beneficiámos, em larga medida, do *feedback* informal que recebemos em seminários realizados no âmbito do Programa de Negociação, na Faculdade de Direito de Harvard, no Dispute Resolution Research Center da Universidade Northwestern e no Institut d'Administration des Entreprises na Universidade de Aix-Marseille (França).

Tivemos a felicidade de poder contar com os competentes serviços administrativos e de secretariado de Joann Dillon, Melissa Ferrell, Jessy Johnson, Linda Lane, Julie McLaughlin e Lucia Miller. A exactidão e forma de todas as referências foram verificadas por Lisa Bartosic, John Santa Lucia e Beth Cataldo, que também coordenou a edição final.

O estudo sobre greves selvagens (Capítulo 5) foi financiado pela National Science Foundation, sendo a experiência inicial sobre mediação na sequência de queixas (Capítulo 7) financiada pelo Ministério do Trabalho dos EUA Os autores contaram com os seguintes apoios financeiros: Jeanne Brett, do J.L. Kellogg Professorship in Dispute Resolutions and Organizations; Stephen Goldberg, do Julius Rosenthal Fund e do Kathleen M. Haight Law School Fund for Research; e todos nós, do Dispute Resolution Research Center da Universidade

AGRADECIMENTOS

Northwestern, sob a forma de uma bolsa da William and Flora Hewlett Foundation. William Ury está profundamente grato ao Avoiding Nuclear War Project da John F. Kennedy School of Government, financiada pela Carnegie Corporation, pelo generoso apoio prestado durante a redacção deste livro.

Desejamos expressar a nossa profunda gratidão a William Hicks, o nosso editor da Jossy-Bass, que foi um acérrimo defensor do livro, prestou um valioso contributo editorial e nos incitou a terminá-lo e a Elizabeth Sherwood que aplicou as suas excelentes capacidades editoriais a melhorar o manuscrito e nos deu também o seu entusiástico apoio moral.

Por último, queremos manifestar o nosso apreço aos trabalhadores e chefias das minas de carvão que participaram no estudo das greves selvagens, colaboraram connosco em Caney Creek e nos ajudaram a implementar a mediação. Sem o seu incentivo, este livro não teria existido.

Sobre os Autores

WILLIAM L. URY é director associado do Program on Negotiation da Universidade de Harvard. Concluiu a licenciatura (1975) em Antropologia e Linguística na Universidade de Yale e o mestrado (1977) e o doutoramento (1982) em Antropologia Social na Universidade de Harvard.

A investigação de Ury tem incidido na negociação, mediação e gestão de crises. Desempenhou funções como mediador, árbitro e criador de sistemas de resolução de litígios e tem exercido a sua actividade em inúmeros conflitos laborais, empresariais e internacionais.

De 1982 a 1984, Ury foi professor assistente na Harvard Business School e, de 1983 a 1988, foi director associado do Avoiding Nuclear War Project na Kennedy School of Government da Universidade de Harvard, onde dirigiu um grupo de estudo sobre prevenção de crises formado por académicos e consultores políticos dos Estados Unidos e da União Soviética. Ury tem participado nos esforços desenvolvidos para evitar uma guerra nuclear acidental, através da criação de centros de redução do risco nuclear em Washington D.C. e Moscovo e desempenhou funções como consultor do Centro de Gestão de Crises na Casa Branca.

A obra de Ury inclui *Como Chegar ao Sim: A Negociação de Acordos sem Concessões* (1981, co-autoria de R. Fisher) e *Beyond Hotline: How Crises Control Can Prevent Nuclear War* (1985).

JEANNE M. BRETT é professora de Resolução e Conflitos e Organizações na Kellogg Graduate School of Management da Universidade Northwestern. Passou a integrar o corpo docente da Universidade de Northwestern em 1976 e, em 1984, tornou-se directora do Dispute Resolutions Research Center da universidade.

Após ter concluído o mestrado em Relações Industriais (1969) e o doutoramento em Psicologia (1972) na Universidade de Illinois, ingressou no corpo docente de Psicologia dessa universidade. Em 1975, assumiu o cargo de professora assistente de Psicologia na Universidade de Michigan.

Em 1981, Brett iniciou a formação em negociação para alunos de Gestão, na Kellogg Graduate School of Management e, em 1982, para os vários programas da escola destinados a executivos. Os materiais didácticos sobre negociação e resolução e conflitos de terceiros que ajudou a desenvolver para o National Institute for Dispute Resolution e a American Arbitration Association são actualmente utilizados nos cursos de mais de cem escolas de Ciências Empresariais. Num inquérito a alunos, realizado em 1987 na Kellogg Graduate School of Management, o curso de negociação elaborado por Brett foi o mais recomendado de todos os ministrados nesse estabelecimento de ensino.

Brett desenvolve uma investigação activa em duas áreas: resolução de conflitos, trabalho e família, sendo autora ou co-autora de dois livros e mais de 30 artigos.

STEPHEN B. GOLDBERG é professor de Direito na Faculdade de Direito da Universidade Northwestern. Concluiu o mestrado na Universidade de Harvard (1954) e o doutoramento na Faculdade de

Direito da mesma universidade (1959). No âmbito da sua licenciatura, frequentou durante um ano a London School of Economics.

Goldberg iniciou a sua carreira académica na Faculdade de Direito da Universidade de Illinois, em 1965. Em 1973, foi nomeado professor visitante da American Bar Foundation e, em 1974, assumiu o cargo que actualmente ocupa na Faculdade de Direito da Universidade Northwestern. Suspendeu temporariamente esta ocupação em 1979-80, para exercer funções de professor na Faculdade de Direito de Harvard e de consultor na Comissão sobre Carvão do Presidente Carter.

Goldberg é co-autor de *Union Representation Elections: Law and Reality* (1976, co-autoria de J. Herman e J. Getman) e *Dispute Resolution* (1985, co-autoria de E. Green e F. Sander) que venceu a edição de 1985 do prémio literário do Center for Public Resources, devido à excelência e inovação da resolução alternativa de conflitos. Em 1987, a Society of Professionals in Dispute Resolution distinguiu Goldberg com o Prémio Willougby Abner, pela sua investigação prática na área das relações entre os parceiros sociais do sector público.

PARTE UM

COMPREENDER E CONCEBER SISTEMAS DE RESOLUÇÃO DE CONFLITOS

Os quatro capítulos que se seguem definem o enquadramento básico da concepção dos sistemas de resolução de conflitos. O Capítulo 1 apresenta o objectivo da concepção: um sistema baseado nos interesses. O Capítulo 2 sugere uma forma de diagnosticar o que está errado na situação existente ou, se a relação ou organização ainda não existirem, o que é necessário para adoptar, desde o início, um sistema adequado. O Capítulo 3 aborda a concepção de um sistema mais aperfeiçoado. E o Capítulo 4 considera o processo de envolver as partes no diagnóstico e concepção e na implementação das necessárias mudanças.

O enquadramento proposto baseia-se nos ensinamentos colhidos da nossa experiência e da de outros que entrevistámos responsáveis pela definição do sistema. Sabemos que muitas das ideias são novas e ainda não testadas, pelo que esta proposta é apresentada não como uma abordagem definitiva, mas antes como o desbravar inicial de um domínio que um dia poderá tornar-se – assim o esperamos – uma disciplina teórica e prática perfeitamente documentada.

CAPÍTULO 1

Três Abordagens à Resolução de Conflitos

INTERESSES, DIREITOS E PODER

Tudo começou pelo furto de um par de botas. Entre os turnos, os mineiros costumam deixar a roupa de trabalho dentro de cestos que penduram no tecto do vestiário. Uma noite, um dos mineiros verificou que as suas botas tinham desaparecido. Ele não podia trabalhar sem botas e foi queixar-se ao chefe de turno: "Raios, alguém roubou as minhas botas! Não é justo que eu perca o salário de um turno e ainda tenha que pagar umas botas novas, só porque a empresa não tem capacidade para proteger os nossos bens."

"Azar", respondeu o chefe de turno. "A empresa não é responsável pelos bens pessoais deixados nas instalações. Lê os regulamentos da mina!"

O mineiro resmungou com os seus botões: "Vão ver! Se eu não trabalhar neste turno, também mais ninguém trabalha!" E convenceu alguns colegas a saírem e, em sinal de solidariedade, todos os outros os acompanharam.

Mais tarde, o encarregado da mina disse-nos que tinha substituído as botas desaparecidas do mineiro e que o chefe de turno deveria ter feito o mesmo. Se o chefe de turno tivesse dito ao mineiro "Eu compro-te umas botas novas e entretanto empresto-te outras", não teria havido greve. Na opinião do encarregado, esta forma de resolver a questão era melhor do que a abordagem do chefe de turno ou do mineiro. Teria razão? E em caso afirmativo, porquê? O que torna um processo de resolução de conflitos melhor do que outros?

Neste capítulo, abordamos três métodos de resolução de um conflito: conciliar os interesses das partes, determinar quem tem razão e determinar quem é o mais poderoso. Os custos dos conflitos são analisados em termos de custos de transacção, satisfação com os resultados, efeitos produzidos na relação e recorrência conflitual. Preconizamos que, de um modo geral, a conciliação dos interesses é menos dispendiosa e mais satisfatória do que a determinação dos direitos a qual, por sua vez, é menos dispendiosa e mais satisfatória do que a determinação do poder. A concepção do sistema de resolução de conflitos visa, portanto, criar um mecanismo em que a maioria dos conflitos seja resolvida pela conciliação de interesses.

TRÊS MANEIRAS DE RESOLVER CONFLITOS

ANÁLISE DO CONFLITO DAS BOTAS

Um conflito tem início quando uma pessoa (ou entidade) apresenta uma reivindicação ou exigência a outra que a rejeita.[1] A reivindicação pode ter origem num acto sentido como uma ofensa/prejuízo, numa necessidade ou numa aspiração.[2] Quando o mineiro se queixou das botas desaparecidas ao chefe estava a reivindicar que a empresa assumisse a responsabilidade e remediasse o que entendia ser o seu prejuízo. A recusa desta reivindicação pelo chefe de turno converteu-se num conflito. A resolução de um conflito significa transformar posições contrárias – a reivindicação e a sua recusa – numa solução única.[3] A resolução do conflito das botas poderia ter sido um acordo negociado, uma sentença arbitral ou a decisão por parte do mineiro de desistir da sua queixa ou por parte da empresa de a satisfazer.

Num conflito, estão em jogo determinados interesses. Além disso, existem certas normas ou direitos relevantes que definem o que se entende por um resultado justo. E há ainda um certo equilíbrio de poderes entre as partes. Interesses, direitos e poder são portanto os três elementos básicos de um conflito. Na resolução do conflito, as partes podem privilegiar um ou vários destes elementos. Podem tentar (1) conciliar os seus interesses, (2) determinar quem tem razão e/ou (3) determinar quem é o mais poderoso.

Ao insistir que a empresa deveria assumir a responsabilidade pelas botas desaparecidas, o mineiro privilegiou os direitos – "Não é justo que eu perca o salário de um turno e ainda tenha que pagar umas botas novas, só porque a empresa não tem capacidade para proteger os nossos bens." Por sua vez, ao dizer ao mineiro para consultar os regulamentos da mina, o chefe continuou a centrar-se nos direitos. Vendo frustrada a sua tentativa de obter o que entendia ser justo, o mineiro provocou uma paralisação – mudando o enfoque para o poder. "Vão ver!" Por outras palavras, ia demonstrar o poder que ele e os seus colegas tinham sobre a empresa e a situação de dependência dos trabalhadores em que se encontrava a produção de carvão.

No entender do encarregado da mina, o centro da questão deveria incidir nos interesses. O mineiro tinha interesse nas botas e no pagamento do turno e a empresa tinha interesse em que o mesmo trabalhasse. Embora estivessem envolvidos direitos (existia uma questão de justiça) e poder (o mineiro tinha o poder de provocar uma greve), o encarregado privilegiava os interesses de ambas as partes. Teria abordado o caso das botas como um problema conjunto que a empresa poderia ajudar a resolver.

CONCILIAR INTERESSES

Interesses são necessidades, desejos, preocupações, receios – algo de que gostamos ou que queremos – e estão subjacentes às posições assumidas pelas pessoas – as coisas tangíveis que *dizem* querer.

Um casal discute sobre a eventual compra de um novo automóvel. O interesse subjacente do marido pode não ser o dinheiro ou o automóvel, mas o desejo de impressionar os amigos; o interesse da mulher pode ser o transporte. O director comercial de uma empresa de electrónica entra em confronto com o director fabril relativamente ao número de modelos de televisores a produzir. O primeiro quer produzir mais modelos. O seu interesse centra-se na venda de televisores e mais modelos significam maiores possibilidades de escolha para os consumidores e, logo, um aumento das vendas. O segundo quer produzir menos modelos. O seu interesse reside na redução dos custos de fabrico e, quanto mais modelos existirem, mais elevados serão os custos.

Não é fácil conciliar estes interesses, sendo necessário investigar preocupações muito profundas, idealizar soluções criativas e fazer concessões quando são antagónicos.[4] O processo mais comum de o conseguir é a *negociação*, ou seja, a técnica de comunicação recíproca com vista a chegar a um acordo. (Um procedimento é um padrão de comportamento interactivo orientado para a resolução de um conflito.) Outro procedimento centrado nos interesses é a *mediação*, na qual uma terceira parte ajuda os antagonistas a chegarem a acordo.

É óbvio que nem todas as negociações (ou mediações) se centram na conciliação dos interesses. Algumas incidem na determinação de quem tem razão, como por exemplo quando dois advogados discutem sobre o mérito de um caso. Outras incidem sobre a determinação do poder, como sucede quando vizinhos ou nações beligerantes trocam ameaças e contra-ameaças. As negociações envolvem, frequentemente, um misto destes três aspectos – tentativa de satisfazer interesses, discussão de direitos e referências ao poder relativo das partes. As negociações que incidem principalmente nos interesses são denominadas "baseadas nos interesses", por oposição às "baseadas nos direitos" ou "baseadas no poder". Um outro termo da negociação baseada nos interesses é a *negociação cooperativa ou colaborativa*, assim chamada por considerar o conflito como um problema comum a resolver pelas partes.

Antes de os litigantes poderem iniciar, efectivamente, o processo de negociação dos interesses necessitam, por vezes, de descarregar as suas emoções. É raro que estas se encontrem ausentes dos conflitos. As emoções geram frequentemente conflitos e estes, por sua vez, geram emoções. A frustração foi o sentimento subjacente à explosão inicial do mineiro e a raiva motivada pela resposta do chefe de turno incentivou-o a provocar a greve.

A expressão das emoções subjacentes pode ser fundamental para a negociação de uma solução. Sobretudo nos conflitos interpessoais, a hostilidade pode diminuir consideravelmente se a parte ofendida der livre curso à sua raiva, ressentimento e frustração na presença da parte culpada e esta reconhecer a validade de tais emoções ou, avançando um pouco mais, apresentar desculpas.[5] A diminuição do nível de hostilidade facilita a resolução do conflito com bases nos interesses. A expressão das emoções assume especial relevância em determinados tipos de negociação e mediação baseados nos interesses.

DETERMINAR QUEM TEM DIREITO

Uma outra forma de resolver os conflitos consiste em aceitar uma norma reconhecida como legítima ou justa, para determinar quem tem razão. A esta norma chamamos abreviadamente *direitos*. Alguns direitos estão consagrados na lei ou nos contratos. Outros constituem padrões de comportamento socialmente aceites, como reciprocidade, precedente, igualdade e antiguidade.[6] No caso das botas, por exemplo, apesar de não ter qualquer direito contratual a um novo par de botas, o mineiro entendia que, à luz da justiça, a empresa deveria substituir os bens pessoais furtados das suas instalações.

Os direitos raramente são claros e bem definidos, norteando-se por padrões diferentes – e por vezes contraditórios. Chegar a acordo com base em direitos, em que o resultado define quem recebe o quê, pode revelar-se extremamente difícil, levando frequentemente as partes a recorrer a terceiros, a fim de determinar quem tem razão. O protótipo deste procedimento é o julgamento, em que os litigantes apresentam provas e argumentos a um terceiro neutro, o juiz, com poderes para proferir uma decisão vinculativa. (Na mediação, pelo contrário, o terceiro não tem poderes para decidir.) O julgamento público está a cargo dos tribunais, sendo o privado exercido por árbitros.[7]

DETERMINAR QUEM TEM MAIS PODER

Uma terceira forma de resolver um conflito baseia-se no poder. Numa definição um pouco restrita, poder é a capacidade de coagir alguém a fazer algo que voluntariamente não faria. Exercer o poder significa normalmente impor custos à outra parte ou ameaçar fazê-lo. Na greve, os mineiros exerceram poder, impondo custos económicos à empresa. O exercício do poder assume duas formas principais: acto de agressão, como sabotagem ou agressão física, e retenção dos benefícios resultantes de uma relação, como sucede quando os colaboradores suspendem a prestação do trabalho numa greve.

Em relações de dependência mútua, entre os trabalhadores e a administração ou numa organização ou família, por exemplo, o grau de poder mede-se pela maior ou menor dependência de um em relação ao outro.[8] Se uma empresa necessitar mais do trabalho dos seus colaboradores do que estes necessitam da remuneração paga pela mesma, ela é mais dependente e, por conseguinte, menos poderosa. Por sua vez, o grau de dependência é determinado pelo modo como as alternativas satisfazem os interesses de cada um. Quanto melhor for a alternativa, menor será a dependência. Se for mais fácil para a empresa despedir os grevistas do que para estes conseguirem outro trabalho, então a empresa é menos dependente e, logo, mais poderosa. Para além das greves, o exercício do poder inclui comportamentos que variam desde os insultos e à troça até à agressão física e à guerra. Todos eles têm em comum a intenção de coagir a outra parte a aceitar termos mais satisfatórios para o detentor do poder. Os procedimentos baseados no poder são de dois tipos: a negociação não colaborativa, tipificada pela troca de ameaças e os confrontos de poder, em que as partes travam uma batalha para determinar qual sairá vencedora.

É difícil determinar qual é a parte mais poderosa sem um confronto decisivo e potencialmente destrutivo, visto que, em última análise, o poder é uma questão de percepção. Apesar de indicadores objectivos de poder, como sejam os recursos financeiros, as percepções das partes em relação aos seus poderes e aos dos outros, estes frequentemente não coincidem. Além disso, a percepção de cada parte relativamente ao poder da outra pode não ter em conta a possibilidade desta investir mais recursos no confronto do que seria previsível, por receio de que uma alteração da distribuição visível do poder possa afectar o resultado de futuros conflitos.

RELACIONAMENTO ENTRE INTERESSES, DIREITOS E PODER

Figura 1: Relacionamento entre interesses, direitos e poder.

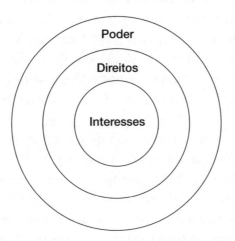

O relacionamento entre interesses, direitos e poder pode ser ilustrado por três círculos concêntricos (como na Figura 1), em que o interior representa os interesses, o do meio os direitos e o exterior o poder. A conciliação dos interesses ocorre no contexto dos direitos e poderes das partes. O resultado provável de um litígio levado a tribunal ou de uma greve, por exemplo, ajuda a definir os limites da negociação em que é possível encontrar uma solução. A determinação dos direitos tem também lugar no contexto do poder. Uma das partes pode ganhar um processo em tribunal, mas se a sentença não for executada, o litígio não se extingue. Deste modo, no processo de resolução de um conflito, pode verificar-se uma oscilação da balança entre interesses, direitos e poder.

CEDÊNCIA E FUGA

Nem todos os conflitos terminam com uma resolução. Frequentemente, uma ou várias partes decidem abandonar o litígio, um abandono que assume duas modalidades. Uma das partes pode desistir da sua pretensão ou ceder às reivindicações da outra parte por achar que prosseguir a querela não é benéfico para os seus interesses ou por concluir que não tem condições para a resolver a seu contento. O mineiro teria desistido da sua reivindicação se tivesse pensado: "Discordo em absoluto da decisão da administração de não me pagar as botas, mas não vou fazer nada." Uma outra forma de desistência é a fuga. Uma (ou ambas) as partes podem decidir abandonar a relação ou, pelo menos, restringi-la substancialmente.[9] Alguns exemplos desta atitude incluem deixar a organização, o divórcio, a mudança para outro bairro ou o afastamento.

Tanto a fuga como a cedência podem ocorrer em conjunto com determinados processos de resolução de litígios. Muitos confrontos de poder envolvem a ameaça de fuga – como a ameaça de divórcio – ou mesmo uma evasão temporária como forma de impor custos à outra parte – como é o caso de uma greve ou do corte de relações diplomáticas. Muitos confrontos de poder terminam com a cedência da parte vencida às pretensões da vencedora. Noutros, o vencido pode optar por uma manobra de evasão, abandonando ou afastando-se do vencedor. Muitas negociações terminam também com a cedência de uma das partes. Ou, em vez de levar o litígio a tribunal, uma (ou ambas) as partes podem decidir pôr fim à relação. Isto é frequente em contextos sociais, em que o litigante se apercebe da existência de alternativas satisfatórias à relação.

A cedência ou fuga podem igualmente verificar-se antes de ser expressa uma reivindicação, como forma de evitar um conflito. Perante o problema das botas desaparecidas, o mineiro poderia ter resolvido desistir e não apresentar queixa. Ou numa atitude mais drástica, poderia também ter-se ido embora e não regressar ao trabalho.

QUAL A "MELHOR" ABORDAGEM?

Ao relatar-nos o caso das botas, o encarregado da mina expressou a sua preferência sobre a forma de resolver o conflito. Na terminologia que adoptámos, ele estava a dizer que, tudo ponderado, era melhor tentar conciliar os interesses do que determinar quem tinha razão ou quem era mais poderoso. Mas qual o significado de "melhor"? E em que medida estava certo ao pensar que era melhor centrar a atenção nos interesses?

SIGNIFICADO DE "MELHOR": QUATRO POSSÍVEIS CRITÉRIOS

As diferentes abordagens à resolução dos conflitos – interesses, direitos e poder – têm custos e benefícios diferentes, dos quais destacamos quatro: os custos decorrentes do conflito, a satisfação com o resultado, os efeitos na relação e a recorrência dos conflitos.[10]

Custos decorrentes do conflito. Para o encarregado da mina, "melhor" significa resolver o conflito sem greves. Em termos genéricos, ele pretendia minimizar os custos do conflito. Os custos mais óbvios da greve eram económicos. Durante a paralisação da mina, era necessário continuar a pagar a remuneração dos dirigentes e as despesas gerais. E, por vezes, as greves levam à violência e à destruição do património. Também os mineiros incorriam em custos – perda de salário. E havia ainda a considerar a perda de oportunidades para a empresa: uma série de greves poderia impedir o cumprimento de contratos importantes. Numa discussão familiar, os custos incluiriam as inúteis horas passadas a discutir, o desgaste e a tensão nervosa, dores de cabeça e as oportunidades perdidas de fazer coisas mais agradáveis ou úteis. Todos os processos de resolução de conflitos acarretam custos: o tempo, o dinheiro e a energia emocional despendidos, os recursos gastos e destruídos e as oportunidades perdidas.[11]

Satisfação com os resultados. Uma outra forma de avaliar as diferentes modalidades de resolução dos litígios consiste em ponderar a satisfação mútua das partes com os resultados obtidos. O resultado da greve não podia ter sido completamente satisfatório para o mineiro – não recebeu umas botas novas – mas conseguiu expressar a sua frustração e exercer uma acção vindicativa. A satisfação de um litigante depende em larga medida da forma como a resolução satisfaz os interesses que o levaram a apresentar ou recusar a pretensão inicial. Essa satisfação pode também depender da percepção de justiça na resolução. Mesmo que um acordo não satisfaça totalmente os seus interesses, um litigante pode retirar alguma satisfação do facto de considerar a resolução justa.

A satisfação depende não só da percepção de justiça na resolução, mas também da percepção de justiça do próprio procedimento de resolução. Nesta percepção intervêm vários factores: oportunidade do litigante exprimir o seu ponto de vista, capacidade de intervenção na aceitação ou recusa do acordo, participação na formulação do mesmo e convicção de que o terceiro, se interveio, agiu com equidade.[12]

Efeito na relação. Um terceiro critério prende-se com o efeito a longo prazo na relação entre as partes. A abordagem adoptada para a resolução de um conflito pode afectar a sua capacidade de manterem uma colaboração quotidiana. As discussões permanentes com ameaças de divórcio podem deteriorar gravemente um casamento. Em contrapartida, o aconselhamento matrimonial, em que as partes aprendem a centrar-se nos interesses para resolver as suas divergências, pode fortalecer a relação conjugal.

Recorrência. O critério final incide na duração dos acordos obtidos com uma determinada abordagem. A forma mais simples de recorrência é a incapacidade de manter uma dada solução. Por exemplo, um conflito entre um pai e o seu filho adolescente sobre as horas de entrar em casa pode parecer resolvido, mas volta a surgir continuamente. Verifica-se uma forma mais subtil de recorrência quando uma resolução obtida num determinado conflito se revela incapaz de evitar a respectiva ocorrência entre um dos litigantes e outra pessoa ou entre dois intervenientes diferentes na mesma comunidade. Por exemplo, um homem culpado de assédio sexual a uma colaboradora sua chega a um acordo com a vítima que é satisfatório para esta, mas continua a assediar outras colaboradoras. Ou, pelo contrário, suspende este comportamento, mas outros homens na mesma empresa continuam a assediar as colaboradoras.

Relação entre os quatro critérios. Estes quatro critérios estão interligados. O descontentamento com os resultados pode afectar a relação, o que contribui para a recorrência de conflitos que, por sua vez, aumentam os respectivos custos. Uma vez que os vários custos aumentam e diminuem em conjunto, é conveniente designá-los globalmente por custos do litígio. Quando classificamos uma determinada abordagem como "dispendiosa" ou "económica", referimo-nos não só a estes custos, mas também à satisfação com os resultados, ao efeito sobre a relação e à recorrência dos conflitos.

Por vezes, um custo apenas pode ser reduzido aumentando outro, nomeadamente a curto prazo. Se pai e filho se sentarem para discutir os seus interesses antagónicos referentes às horas de entrada em casa, os custos imediatos, em termos de tempo e energia, podem ser elevados. No entanto, podem ser altamente compensados pelos benefícios de uma negociação satisfatória, um relacionamento mais pacífico e o respeito pelas regras acordadas.

QUAL A ABORDAGEM MENOS DISPENDIOSA?

Depois de termos definido "melhor" segundo os quatro tipos de custos, permanece a questão de saber se o encarregado da mina tinha razão ao considerar que uma solução baseada nos interesses era melhor. E coloca-se também uma segunda questão importante: quando uma abordagem baseada nos interesses falha, é menos dispendioso centrarmo-nos nos direitos ou no poder?

Interesses versus *direitos ou poder*. O enfoque nos interesses pode resolver o problema subjacente ao conflito de uma forma mais eficaz do que uma abordagem direccionada para os direitos ou o poder. Um exemplo é uma queixa apresentada contra um encarregado de uma mina por executar tarefas que contratualmente apenas um mineiro está autorizado a fazer. Em muitos casos, o problema real é outro – um mineiro descontente por ter de executar uma tarefa desagradável pode apresentar queixa apenas para se desforrar do seu encarregado. É evidente que cingir-se à letra do contrato não vai solucionar este problema subjacente. Nem tampouco fazer greve para protestar contra o trabalho do encarregado. Mas se este e o mineiro conseguirem chegar a acordo em relação a futuras tarefas do primeiro, o conflito pode ser resolvido a contento de ambos.

Além de contribuir para revelar problemas ocultos, a abordagem baseada nos interesses pode ajudar as partes a identificarem as questões mais importantes para cada uma delas. Através de cedências em relação a questões secundárias, ambas as partes podem ganhar com a resolução do conflito.[13] Vejamos, por exemplo, a negociação entre um sindicato e uma entidade empregadora sobre duas questões importantes: período adicional de férias e flexibilidade de funções. Embora ao sindicato não agrade a ideia da flexibilidade, a sua prioridade óbvia é a obtenção de um período acrescido de férias. E embora à entidade empregadora não agrade a ideia de férias adicionais, preocupa-se mais em conseguir flexibilidade na atribuição das tarefas. Um acordo que conceda ao sindicato os dias de férias que este reclama, a flexibilidade laboral pretendida será provavelmente satisfatória para ambos. Há mais hipóteses de obter este benefício conjunto se cada uma das partes se centrar nos seus interesses. O enfoque nos direitos, como acontece na litigância, ou no poder, como é o caso de uma greve, deixa, geralmente, pelo menos uma das partes com a sensação de derrota.

Assim sendo, a conciliação dos interesses tende a produzir um nível mais elevado de satisfação com os resultados do que a determinação dos direitos ou do poder.[14] Se as partes ficarem mais satisfeitas, o seu relacionamento melhora e as probabilidades de recorrência do conflito diminuem. De um modo geral, estabelecer quem tem razão ou quem é mais poderoso, enfatizando o conceito de vitória ou derrota, apenas contribui para tornar a relação mais tensa e antagónica. Por outro lado, a parte vencida raramente desiste e recorre a um tribunal superior ou arquitecta uma vingança. É certo que a conciliação dos interesses pode, por vezes, ser um processo moroso, nomeadamente quando o número de intervenientes no conflito é elevado. No entanto, estes custos costumam diminuir quando comparados com os custos dos confrontos de direitos ou de poder, como acontece nos julgamentos, OPA hostis ou guerras.

Em suma, comparativamente com a abordagem centrada nos direitos ou no poder, o enfoque nos interesses tende a produzir resultados mais satisfatórios, melhores relações de trabalho, menor recorrência de conflitos e, eventualmente, custos mais reduzidos. Numa generalização grosseira, uma abordagem baseada nos interesses é, portanto, menos dispendiosa do que um procedimento que privilegie os direitos ou o poder.

Direitos versus poder. Embora determinar quem tem razão ou quem é mais poderoso possa afectar a relação, submeter-se a uma norma justa é geralmente menos pernicioso do que ceder a uma ameaça. Num litígio entre um pai e um filho adolescente sobre as horas de entrar em casa, é provável que a discussão de padrões objectivos, como os horários de outros adolescentes, seja menos prejudicial para a relação do que a troca de ameaças.

A determinação dos direitos e dos poderes converte-se frequentemente num confronto, em que cada uma das partes procura dominar a outra. Podem defrontar-se com palavras ou persuadir um decisor independente do mérito do seu caso, como numa decisão judicial; ou podem defrontar-se com actos destinados a demonstrar quem é mais poderoso, como acontece quando existe uma tentativa de obter procurações do maior número possível de accionistas com vista a assumir o controlo de uma empresa[*]. Ambos os tipos de confronto diferem basicamente em termos dos respectivos custos. Em geral, um confronto de poder é mais oneroso em termos de recursos consumidos e oportunidades perdidas. A violência custa mais do que a litigância. Os elevados custos resultam não só dos esforços investidos na contenda, mas também na destruição dos recursos de cada antagonista. Esmagar a oposição pode ser o objectivo específico de um confronto de poder. Além disso, os confrontos de poder produzem, com frequência, novos agravos e novos conflitos, aliados à raiva, desconfiança e desejo de vingança. Deste modo, prejudicam mais a relação e provocam maior recorrência conflitual do que os confrontos sobre direitos. Em termos gerais, uma abordagem baseada nos direitos é menos dispendiosa do que a baseada no poder.

PROPOSTA

Resumindo, defendemos que a conciliação de interesses é normalmente menos dispendiosa do que determinar quem tem direito, o que, por sua vez, é menos dispendioso do que determinar quem

---

[*] **Nota do Tradutor (N. T.)** No original, *proxy fight.*

tem mais poder. Esta proposta não significa que o enfoque nos interesses seja sempre o procedimento mais adequado, mas apenas que produz tendencialmente custos menores, resultados mais satisfatórios, uma relação menos tensa e uma menor recorrência de conflitos.

PRIVILEGIAR OS INTERESSES NÃO É SUFICIENTE

Apesar destas vantagens gerais, a resolução de todos os conflitos apenas através da conciliação dos interesses não é possível nem desejável. Vejamos porquê.

QUANDO É NECESSÁRIO DETERMINAR OS DIREITOS OU O PODER?

Em alguns casos, não é possível iniciar uma negociação baseada nos interesses sem antes recorrer aos direitos ou ao poder para persuadir uma parte renitente a sentar-se à mesa das negociações. Uma organização ambiental, por exemplo, pode interpor uma acção contra um promotor imobiliário para forçar uma negociação. Um grupo de munícipes pode organizar uma manifestação em frente ao edifício da câmara municipal, a fim de persuadir o presidente a discutir os seus interesses relativamente à melhoria do serviço de recolha de lixo.

Noutros conflitos, as partes não conseguem chegar a acordo com base nos interesses porque as suas percepções sobre quem tem razão ou quem é mais poderoso são de tal modo divergentes que não lhes permitem sequer estabelecer uma plataforma de negociação. Pode ser necessário um procedimento centrado nos direitos para clarificar os limites em que é possível tentar uma resolução negociada. Se um colaborador despedido e a sua entidade empregadora (e os respectivos advogados) tiverem expectativas muito diferentes quanto ao montante da indemnização a conceder pelo tribunal ao primeiro, terão grande dificuldade em negociar um acordo. Uma arbitragem não vinculativa pode clarificar os direitos das partes, permitindo-lhes obter uma resolução.

Tal como a incerteza sobre os direitos das partes pode, por vezes, dificultar as negociações, também a incerteza quanto ao seu poder relativo pode causar o mesmo efeito. Se uma das partes de uma relação pretende demonstrar que o equilíbrio de poder se alterou a seu favor, poderá pensar que apenas um confronto lhe permitirá provar tal facto. É uma evidência entre os técnicos de relações laborais que uma relação conflituosa sindicato-entidade empregadora se acalma, frequentemente, após uma greve prolongada. A greve reduz a incerteza sobre o poder relativo das partes que as tinha tornado relutantes em ceder. Em alguns casos, estes benefícios a longo prazo justificam os elevados custos de transacção num confronto de poder.

Em certos conflitos, os interesses são de tal modo opostos que não é possível chegar a acordo. O enfoque nos interesses não permite resolver um conflito entre um grupo defensor do direito à vida e uma clínica que pratica o aborto sobre a continuidade da existência desta. Provavelmente, apenas será possível obter uma resolução através de um confronto de direitos, como um julgamento, ou de poder, como uma manifestação ou uma batalha legislativa.

QUANDO SÃO DESEJÁVEIS PROCEDIMENTOS CENTRADOS NOS DIREITOS OU NO PODER?

Embora, como já foi dito, a conciliação dos interesses seja menos dispendiosa do que a determinação dos direitos, apenas uma decisão judicial tem autoridade para solucionar questões de importância pública. Se o processo do Supremo Tribunal *Brown vs. Ministério da Educação* (347 U.S. 483) que baniu a discriminação racial nas escolas públicas norte-americanas tivesse sido resolvido por negociação e não judicialmente, o resultado imediato poderia ter sido o mesmo – o queixoso negro teria frequentado uma escola pública só de brancos em Topeka, no Kansas, mas o impacto social teria sido muito menor. Na circunstância, o acórdão *Brown* abriu caminho para a abolição da discriminação racial em toda a vida pública norte-americana. Em alguns casos, os procedimentos judiciais baseados nos direitos são, portanto, mais eficazes, em termos sociais, do que uma resolução através de negociações baseadas nos interesses.[15]

Alguns defendem que uma parte poderosa não deve centrar-se nos interesses quando se confronta regularmente com uma parte mais fraca. Mas mesmo quando uma das partes é mais poderosa, os custos decorrentes da imposição da sua vontade podem ser elevados. As ameaças têm de ser, ocasionalmente, secundadas por acções. A parte mais fraca pode não cumprir integralmente uma resolução baseada no poder, exigindo assim que a outra exerça uma dispendiosa acção de policiamento. A parte mais fraca pode também vingar-se – talvez de uma forma subtil mas que não deixa de ser incómoda. E a vingança pode tornar-se bastante onerosa para a outra parte se ocorrer um desequilíbrio de poder - como por vezes sucede inesperadamente - ou se a colaboração da parte mais fraca se revelar necessária numa outra área. Assim, o enfoque nos interesses, dentro dos limites determinados pelo poder, pode ser mais vantajoso para a parte poderosa do que à primeira vista poderia parecer.

PROCESSOS ECONÓMICOS PARA DETERMINAR DIREITOS E PODER

Dado que a perspectiva dos direitos e do poder desempenha um papel importante na resolução eficaz dos conflitos, torna-se útil diferenciar os dois tipos de procedimentos com base nos custos. Distinguimos três tipos de procedimentos: negociação, conflitos de custo reduzido e conflitos de custo elevado. A negociação baseada nos direitos é, em regra, menos dispendiosa do que um conflito de direitos, tal como um processo judicial ou arbitral. Também uma negociação baseada no poder, caracterizada por ameaças, é geralmente, menos dispendiosa do que um conflito, em que essas ameaças são concretizadas.

Os vários tipos de conflito acarretam custos diferentes. Se a arbitragem eliminar grande parte dos procedimentos típicos de um processo judicial (investigação aprofundada, debates e intermináveis alegações) poderá ser muito mais económica do que o recurso aos tribunais. Numa discussão, a agressão verbal é menos dispendiosa do que a agressão física. Uma greve em que os trabalhadores se recusam a cumprir horas extraordinárias é menos onerosa do que uma greve geral.

OBJECTIVO: UM SISTEMA DE RESOLUÇÃO DE CONFLITOS ORIENTADO PARA OS INTERESSES

Nem todos os conflitos podem ser – ou devem ser – resolvidos por conciliação de interesses. Os procedimentos baseados nos direitos ou no poder obtêm, por vezes, resultados que uma abordagem orientada para os interesses não consegue atingir. O problema é que as duas primeiras modalidades são, em muitos casos, utilizadas desnecessariamente. Demasiadas vezes, um recurso que deveria ser o último torna-se o primeiro. O objectivo a atingir consiste, portanto, em formular um sistema de resolução de conflitos orientado para os interesses, com o aspecto da pirâmide ilustrada no lado direito da Figura 2: a maioria dos conflitos é resolvida por conciliação de interesses, alguns através da determinação dos direitos e uma minoria mediante a determinação do poder. Em contrapartida, um sistema de resolução deficiente assemelhar-se-ia à pirâmide da esquerda da Figura 2. Em termos comparativos, poucos conflitos são resolvidos por conciliação de interesses, ao passo que muitos são resolvidos através da determinação dos direitos ou do poder. Para o responsável pela definição dos sistemas, o desafio consiste em conceber um sistema que promova a conciliação dos interesses, mas que permita igualmente uma determinação pouco dispendiosa dos direitos ou do poder, nos casos em que o conflito não possa – ou não deva – ser solucionado com base nos interesses. O próximo capítulo analisa os procedimentos a seguir para a criação de um sistema deste tipo.

Figura 2: Evolução de um sistema deficiente de resolução de conflitos para um sistema eficaz.

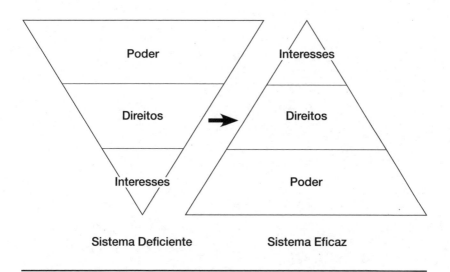

CAPÍTULO 2

Diagnóstico do Sistema de Resolução de Conflitos Actual

PARA CRIAR UM SISTEMA DE RESOLUÇÃO DE CONFLITOS EFICAZ, o especialista deve começar por diagnosticar metodicamente o sistema existente. Assim, deve conhecer o tipo de conflitos existentes, os procedimentos adoptados e qual o motivo por que as partes utilizam um em detrimento do outro. O diagnóstico é essencial, dado não ser provável que as alterações produzam resultados, salvo se satisfizerem as necessidades que levaram as partes a recorrer aos processos existentes.

Numa grande empresa norte-americana, advogados e gestores analisam periodicamente os conflitos recentes, a fim de preverem o tipo de conflitos que poderá surgir e decidir se é possível recorrer a processos mais económicos e aceitáveis.[1] Deste modo, estão a praticar, embora com limitações, aquilo que denominamos "diagnóstico de resolução de conflitos". Esta prática judiciosa pode ser vantajosamente alargada a todo o tipo de organizações e relacionamentos. Os advogados podiam reunir-se com os seus clientes, os sindicatos com os administradores, os sócios de um consórcio uns com os outros, os negociadores do controlo de armamento norte-americanos com os seus congéneres soviéticos - todos poderiam analisar os seus conflitos e as suas origens passadas e presentes, de modo a avaliar a forma como estão a ser resolvidos e a que preço.

Um diagnóstico de resolução de conflitos procura dar resposta a três perguntas:

1. *Quais* são as questões actuais e recentes em discussão? Quem são as partes? Quantos conflitos existem? As respostas a estas perguntas sugerem o tipo e número de conflitos que o sistema de resolução terá de tratar no futuro.

2. *Como* são resolvidos os conflitos? Que tipos de processo de resolução são utilizados e com que frequência? Quais os custos e benefícios globais destes procedimentos? As respostas a estas questões fornecem um quadro dos processos existentes, a partir do qual o especialista em concepção pode trabalhar.

3. *Porque* se utilizam determinados processos e não outros? A que propósito dão os tribunais cobertura – à luta pelo poder e a outros processos dispendiosos? Quais os obstáculos que impedem a utilização da negociação baseada nos interesses? Se este tipo de negociação vier a tornar-se o usual, é necessário que tenha em conta tais propósitos e vença esses obstáculos?

Este capítulo estrutura-se em torno destas três questões – o quê, como e porquê – tendo por base a nossa intervenção de 1980 na mina de Caney Creek, avassalada pela greve (pormenorizadamente descrita no Capítulo 6). Começamos por nos centrar no diagnóstico do sistema de resolução de conflitos numa organização ou relacionamento existente para nos debruçarmos, no final do capítulo, sobre a realização de um diagnóstico numa organização ou relacionamento novos. Começamos por propor um modelo de sistema de resolução de conflitos.

SÍNTESE DO MODELO

Tal como descrito na Figura 3, o cerne de um sistema de resolução de conflitos consiste nos processos utilizados para os resolver. Os *inputs* são os conflitos, sendo os *outputs* os custos e benefícios: despesas de transacção, nível de satisfação com os resultados, impacto no relacionamento e frequência conflitual. Existem quatro factores principais que afectam directamente os processos utilizados: os procedimentos disponíveis, as motivações e as competências das partes e os recursos disponíveis. O sistema de resolução de conflitos serve uma organização ou relacionamento que, por sua vez, existe num ambiente socioeconómico e cultural mais amplo, que afecta indirectamente os procedimentos utilizados.

Figura 3: Modelo de um sistema de resolução de conflitos.

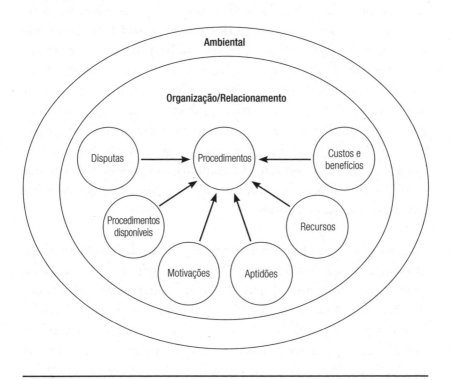

Tomemos como exemplo Caney Creek. Quase todos os conflitos que ocorriam em Caney Creek tinham origem na atribuição das tarefas. Os principais intervenientes eram os mineiros e a direcção. Os *procedimentos utilizados* centravam-se essencialmente nos direitos e no poder. As negociações nunca ou quase nunca se baseavam nos interesses. Os mineiros transigiam com frequência. Havia bastantes negociações baseadas nos direitos e inúmeras arbitragens. As greves selvagens eram frequentes, em média mais do que uma por mês. Os custos daí resultantes eram, naturalmente, muito elevados, centenas de milhares de dólares em salários e produção perdidos, um elevado grau de insatisfação com os desfechos dos conflitos, um relacionamento crispado à beira da ruptura total e conflitos recorrentes.

Em Caney Creek, os *procedimentos disponíveis* para lidar com os conflitos incluíam os quatro passos do processo reivindicativo previsto na convenção colectiva de trabalho, bem como a greve selvagem – o processo de poder utilizado tradicionalmente pelos mineiros da indústria do carvão. A *motivação* dos mineiros para fazer greve prevalecia com frequência sobre a motivação para recorrer ao processo reivindicativo. Embora as greves raramente tivessem um desfecho aceitável, permitiam exercer vingança. Além do mais, as partes não tinham *capacidade* de resolução dos problemas e de escuta, tornando quase impossível negociar conflitos difíceis e carregados de emoção. Havia poucos *recursos* disponíveis para uma resolução baseada nos interesses. Não existiam terceiros naturais que pudessem ser mediadores entre o sindicato e a direcção, nem um dirigente que tivesse a seu cargo as relações laborais.

Este sistema de resolução deficiente regia um *relacionamento* entre duas organizações, o sindicato e a direcção, cujas características afectavam os procedimentos utilizados. Nem os dirigentes sindicais nem os directores eram, por exemplo, escolhidos por terem formação na resolução de problemas. O relacionamento, por sua vez, estava inserido num *ambiente* económico, social, cultural e político mais amplo. A cultura apalache circundante, com ênfase na luta pelos direitos pessoais, reforçava as tendências para os indivíduos se envolverem em procedimentos baseados nos direitos e no poder. Tendo em conta estes procedimentos, competências, motivações e recursos – bem como a organização e o ambiente – não admira que as negociações baseadas nos interesses fossem menos utilizadas em Caney Creek do que as arbitragens e as greves selvagens.

As três questões de diagnóstico – o quê, como e porquê – relacionam-se da seguinte forma com o modelo descrito na Figura 3: a questão o *quê* centra-se nos conflitos. A questão *como* identifica os procedimentos actuais e os seus custos e benefícios. A questão *porquê* incide essencialmente sobre os quatro factores que afectam directamente os procedimentos utilizados, mas inclui também o impacto da organização (ou relacionamento) e do ambiente.

POR QUE MOTIVO HÁ CONFLITOS?

Um especialista em concepção faz perguntas deste tipo:

- Quem são os litigantes? Quem são os outros protagonistas nos conflitos? Na Escola Secundária Bryant, de Nova Iorque, agitada por tensões e violência, alguns conflitos envolviam apenas alunos, outros envolviam alunos e professores e outros ainda travavam-se entre os alunos e os seus pais.[2] O sistema de resolução de conflitos desenhado para esta escola secundária conseguiu envolver todos estes intervenientes. Noutras organizações, poderá haver sistemas diferentes para conflitos entre diferentes partes. Por exemplo, uma empresa pode ter sistemas diferentes para lidar com as queixas dos clientes, com as questões com os fornecedores, com as reivindicações dos trabalhadores, com os conflitos entre departamentos ou com os problemas que surgem em consórcios.

- Quais são os tipos de conflitos? Se os conflitos tiverem tendência para envolver um forte elemento emocional, o especialista em concepção do sistema deve contemplar métodos que descarreguem as emoções. Se, por outro lado, os conflitos envolverem assuntos estritamente legais ou técnicos, como o preço que a Fujitsu deve pagar pela utilização do *software* da IBM, poderá ser mais adequado recorrer a um procedimento de custo reduzido baseado nos direitos.

- Qual a frequência dos conflitos? O que sugere sobre a frequência de futuros conflitos? Na controvérsia IBM-Fujitsu, tinham surgido centenas de conflitos sobre direitos de propriedade intelectual e tudo levava a crer que muitos mais iriam ocorrer. Os custos envolvidos na resolução deste volume de conflitos através de procedimentos convencionais, como a via judicial ou a arbitragem, teria sido colossal, o que veio sublinhar a necessidade de conceber procedimentos que reduzissem o número dos conflitos e resolvessem de uma forma económica os que viessem a surgir.

- São previsíveis alterações na organização, no relacionamento ou no ambiente em sentido mais lato que afectem a quantidade e a natureza dos conflitos? A crescente informatização pode estimular novos conflitos sobre as condições laborais e sobre o despedimento de trabalhadores cujos serviços já não são necessários. Uma recessão económica pode reduzir lucros e agudizar o conflito de interesses em litígios sobre salários e segurança no trabalho. Os novos regulamentos governamentais, como uma lei que proíba a discriminação contra doentes com SIDA, poderá criar uma nova categoria de conflitos. Estas alterações irão afectar os interesses, os direitos ou o poder das pessoas. Poderão intensificar interesses opostos ou criar interesses inteiramente novos. Ao afectar a percepção que as pessoas têm dos seus próprios direitos ou do seu poder relativo, poderão suscitar novos confrontos de direitos e de poder.

- Qual é a causa dos conflitos? Por vezes, a partir da identificação das causas podem sugerir métodos para impedir a eclosão de conflitos semelhantes. Se uma das causas de reivindicação de um trabalhador sobrecarregado for uma política laboral de horas extraordinárias, considerada injusta, a alteração desta política poderia reduzir o número de queixas. Muitas vezes, os litígios são provocados por conflitos de interesses inerentes: o sindicato pretende salários mais altos por menos horas de trabalho, a direcção pretende mais horas de trabalho por salários inferiores; o departamento de vendas reclama uma maior selecção de televisores e o departamento de produção pretende uma oferta menor. É fácil confundir este tipo de conflitos com choques de personalidades entre pessoas determinantes. Um especialista descreveu os conflitos frequentes que irrompiam entre a organização a nível estadual de um sindicato e a maior delegação local do mesmo:

> Muita coisa é atribuída à personalidade. As personalidades são importantes, sem dúvida, mas penso que o conflito é estrutural porque já o observei em diversos Estados. A delegação local tem todo o tipo de benefícios e, por isso, quando a organização estadual pretende exercer pressão sobre o legislador para obter benefícios, a maior delegação local não quer participar. É um conflito terrível, muitas vezes enquadrado em termos de personalidades.[3]

COMO SE RESOLVEM OS CONFLITOS?

Em muitas organizações ou relações, existem uma série de processos de resolução de conflitos. Os conflitos entre marido e mulher podem ser resolvidos por meio de negociações baseadas nos interesses, ameaças e mau humor ou pela mediação informal de um amigo. Numa situação extrema, é a violência física ou o divórcio. Os conflitos entre chefes de departamento de uma empresa podem ser resolvidos por meio de negociações ou ser remetidos a um superior, que deverá decidir. Os conflitos entre autarquias e promotores imobiliários sobre a localização de um depósito de resíduos perigosos podem ser negociados, decididos judicialmente ou resolvidos pelo voto naquela legislatura.

Estes procedimentos diferentes são, com frequência, utilizados em simultâneo ou sequencialmente. Se os membros de um consórcio não conseguirem resolver um conflito através da negociação, poderão recorrer à justiça e, enquanto a acção estiver pendente, podem continuar a negociar por intermédio dos respectivos advogados. Um conflito entre marido e mulher pode começar por uma discussão trivial sobre quem tem razão, evoluir para uma situação de fuga, voltar a lume e acabar por ser resolvido pela cedência de uma das partes. Quando surgir um novo conflito entre eles, irão seguir o mesmo padrão de comportamento.

Por vezes, as sequências processuais são formalmente ditadas pela lei, contrato ou regras organizacionais. Por exemplo, se uma ameaça de greve puser em perigo a saúde ou a segurança nacionais, a Lei Taft--Hartley estipula que o Presidente pode nomear uma comissão de inquérito a cujo relatório se segue uma providência cautelar inibitória do direito à greve por um prazo de 80 dias. Durante este período, a comissão de inquérito apresenta novo relatório seguido de votação sobre a realização ou não da greve. Só depois é que a greve passa a ser legal.[4] Há muitos contratos que prevêem o recurso obrigatório à arbitragem caso a negociação não consiga resolver um conflito sobre o significado dos termos contratuais. Inúmeras empresas têm procedimentos de reclamações a utilizar pelos seus clientes. O facto de um procedimento se encontrar formalmente regulamentado não significa, todavia, que seja usado como previsto ou sequer utilizado.

CARTOGRAFIA DOS PROCEDIMENTOS UTILIZADOS

Para obter uma visão global da forma como os conflitos são tratados em determinado sistema, o especialista em concepção elabora um mapa dos procedimentos utilizados, tanto os estabelecidos como os que não o são. A omissão deste passo cria o risco de serem concebidos novos procedimentos que funcionem com objectivos contrários aos dos existentes. Ao elaborar um mapa dos processos utilizados, o especialista em concepção procura identificar os tipos de procedimentos utilizados, a sua frequência relativa, a sua sequência regular, se existente, e o tempo até à tomada de decisão, colocando perguntas deste tipo:

- O que fazem as pessoas quando têm uma queixa a apresentar? A quem a apresentam, se for o caso? Com que frequência desistem? Em muitos casamentos, por exemplo, é frequente que um ou ambos os cônjuges se abstenham de fazer comentários banais sobre os hábitos do outro, convencidos de que isso não serve para nada ou por receio de que uma queixa provoque uma discussão destrutiva para o relacionamento de ambos.

- O que acontece quando os conflitos são negociados? Qual a percentagem resolvida desta forma? As partes procuram acordos que satisfaçam os interesses de cada uma? Ou centram-se nos seus próprios direitos? Ou será que as suas negociações são dominadas por ameaças, tentativas de intimidação e outras tácticas de poder?

- Com que frequência falham as negociações e o que acontece neste caso? As partes procuram a ajuda de terceiros, como advogados, representantes sindicais ou amigos? Os conflitos são submetidos a decisão superior? As partes recorrem à mediação de uma pessoa imparcial? Ou renuncia-se aos conflitos porque uma das partes (ou ambas) desistem?

- Existem sistemas arbitrais disponíveis? De que tipo? Com que frequência são utilizados e quanto tempo demora a tomada de decisão? Há quase sempre uma parte vencedora?

- Com que frequência eclodem os confrontos de poder? Que tipos de comportamentos são utilizados? Quais os resultados? Costuma haver um vencedor ou os confrontos parecem não ter outro objectivo que não o de libertar raiva e frustração contidas?

CARTOGRAFIA DAS SEQUÊNCIAS HABITUAIS

A partir da informação recolhida sobre os procedimentos utilizados, o especialista em concepção pode começar a descortinar sequências comuns e a traçá-las num fluxograma. Tomemos como exemplo uma hipotética mina de carvão. A mina inclui as quatro etapas do processo reivindicativo prescrito pelo contrato de negociação colectiva nacional. Na Etapa 1, um mineiro com uma reivindicação apresenta-a ao seu encarregado. Se não ficar satisfeito, na Etapa 2 solicita à comissão sindical da mina que discuta a reclamação com a administração. Na ausência de acordo a esse nível, dá-se uma terceira reunião – Etapa 3 – entre os representantes sindicais e a administração. Se esta também não conseguir resolver o conflito, o mesmo é submetido na Etapa 4 a um mediador.

A Figura 4 representa o nosso hipotético mapa. O verdadeiro padrão de resolução de conflitos em vigor na mina, conforme descobrimos através de perguntas e observações, diverge vincadamente dos procedimentos estabelecidos. Além das quatro etapas do procedimento reivindicativo, um mineiro reconhece duas alternativas: desistir ou provocar uma greve selvagem. Com base em entrevistas com mineiros e a administração, calculamos que, no ano anterior, deve ter havido cerca de 200 reclamações de mineiros. Em metade destes casos, o mineiro apresentou a queixa ao seu encarregado, em quase metade, desistiu e, em dez casos, instigou uma greve. Por conseguinte, em 50 por cento das situações, os mineiros preferiram não recorrer aos procedimentos estabelecidos.

Figura 4: Fluxograma da resolução de conflitos numa hipotética mina de carvão.

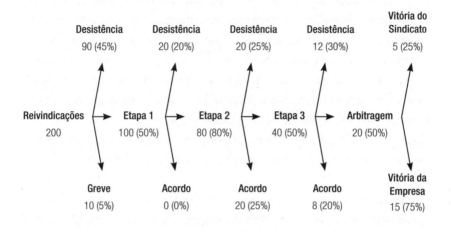

Das queixas apresentadas ao encarregado, nenhuma foi resolvida por esses meios. Em 20 por cento houve desistência e as restantes passaram à Etapa 2. Um quarto das negociações da Etapa 2 terminou em acordo, outro quarto terminou com a desistência do mineiro e metade passou à Etapa 3. Nesta, só se chegou a acordo num quinto dos conflitos, metade foi submetida a arbitragem e os restantes não prosseguiram. Os mineiros venceram 25 por cento dos casos submetidos a arbitragem e a empresa 75 por cento. Um interrogatório mais aprofundado revela que, embora algumas das negociações da Etapa 2 se baseassem nos interesses, a maioria baseava-se nos direitos e que as negociações da Etapa 3 se baseavam quase exclusivamente nos direitos.

Este mapa é bastante elucidativo sobre a resolução dos conflitos nesta mina. Parece existir pouca confiança nos procedimentos estabelecidos, com 50 por cento de desistência das reivindicações ou recurso à declaração de greve mesmo antes de serem implementados os procedimentos. Embora um certo grau de desistência seja normal, a frequência neste caso sugere uma insatisfação considerável relativamente aos procedimentos estabelecidos. A Etapa 1 parece ser um mero expediente para apresentar reclamações e nada mais, dado não se ter chegado a qualquer acordo. A Etapa 2 produziu alguns resultados, principalmente quando se recorreu à abordagem baseada nos interesses. É também de realçar a quantidade substancial de desistências após as Etapas 2 e 3. Muitos mineiros pareciam estar convencidos de que, se não chegassem a acordo na Etapa 2, pouco tinham a ganhar na Etapa 3 ou com a arbitragem. Por fim, as decisões proferidas na arbitragem eram parciais. Fosse qual fosse o motivo – casos sem grande probabilidade de merecimento, advogados inexperientes ou desrespeito pelo princípio da imparcialidade dos árbitros – não é surpreendente que os mineiros tivessem pouca confiança na arbitragem.

Em resumo, o mapa revela um sistema em ruptura, muitas desistências e confrontos de poder em vez de negociação, ausência de acordos negociados na Etapa 1, poucos na Etapa 3 e um procedimento arbitral com resultados tendenciosos. O único sucesso relativo é a Etapa 2; a utilização pontual de uma abordagem baseada nos interesses poderia constituir um ponto de partida importante para a concepção de um sistema aperfeiçoado. Este exercício revela as "falhas" do sistema: neste caso, a ausência comparativa de procedimentos baseados nos interesses e o fosso entre os procedimentos estabelecidos e os utilizados.

AVALIAÇÃO DOS CUSTOS

A informação recolhida sobre o tipo, duração e frequência dos procedimentos utilizados deveria permitir calcular os custos da resolução dos conflitos. Uma vez que um dos objectivos do especialista em concepção consiste em reduzir estes custos é importante conhecê-los à partida, a fim de avaliar a eficiência das alterações introduzidas e fazer os ajustes necessários. As questões destinadas a determinar os custos são claras:

• Qual a duração dos diversos procedimentos e quanto custam?

• Qual o grau de satisfação dos litigantes com o desfecho dos conflitos?

- Qual o efeito dos procedimentos actuais nas relações pessoais ou organizacionais?

- Com que frequência se verifica a recorrência dos conflitos por nunca terem sido verdadeiramente resolvidos?

O especialista em concepção pode sentir-se tentado a reduzir drasticamente o tempo gasto a documentar os custos dos procedimentos actuais, em especial quando a relação está visivelmente deteriorada e as partes desejam uma solução rápida. Devemos, todavia, recordar que a documentação sistemática dos resultados do trabalho pode ser útil para incentivar as partes a perseverarem nos novos procedimentos ou para persuadir outras partes a introduzir, a título experimental, alterações similares. Foi o caso do programa de mediação - uma avaliação cuidadosa ajudou a disseminar a mediação laboral a novas minas e a outras indústrias.

POR QUE MOTIVO SE LIDA COM OS CONFLITOS DESTA MANEIRA?

Por que razão as pessoas recorrem à luta pelos direitos e pelo poder em vez de negociarem mais? Entre as razões prováveis, incluem-se o número diminuto de negociações baseadas nos interesses, a falta de motivação para utilizá-las, a inexistência de competências e de recursos, bem como os obstáculos existentes na organização, na relação ou em ambientes mais abrangentes.

FALTA DE PROCEDIMENTOS

Em qualquer organização ou relacionamento, existem procedimentos de resolução de conflitos. Podem ser habituais, como no caso das greves, ou ser formalmente facultados pela comunidade alargada, como no caso dos tribunais. Podem ser procedimentos com os quais ambas as partes ou os seus representantes concordem, como no caso de uma queixa por incumprimento contratual na indústria de carvão com forte inserção sindical, ou ser disponibilizados por uma das partes, como no caso do procedimento de reclamação dos clientes existente numa empresa.

Em certas situações, os processos estabelecidos por lei, contrato ou estatuto são apenas aplicáveis a um determinado tipo de reclamações. Outras são ignoradas, produzindo frustração, que resulta ocasionalmente num dispendioso confronto de poder. Em Caney Creek, por exemplo, as negociações contemplavam apenas conflitos sobre a interpretação contratual, não existindo procedimentos estabelecidos para conflitos interpessoais ou relacionados com questões de natureza extracontratual mas que estavam relacionadas com alegadas situações de injustiça. Noutros casos, não se estabeleceram procedimentos baseados nos interesses. Para os alunos da Escola Secundária Bryant envolvidos em conflitos com professores, directores, progenitores ou colegas, não havia lugar à resolução dos problemas por mediação. Para os grupos ambientais que se opunham aos planos dos promotores imobiliários e dos construtores rodoviários, o procedimento mais comum utilizado até há pouco tempo era a litigância. A negociação com vista à resolução dos problemas era praticamente desconhecida.

As pessoas e as organizações envolvidas num conflito não necessitam, forçosamente, de um procedimento estabelecido para efectuarem negociações baseadas nos interesses, mas a sua existência pode ser útil. Pode tornar a negociação baseada nos interesses uma alternativa de eleição e impedir que os conflitos evoluam para confrontos de direitos e poder. O especialista em concepção pode daqui inferir algumas questões:

- Os procedimentos baseados nos interesses estão disponíveis para resolver toda a gama de conflitos que ocorrem?

- Alguns conflitos não são resolvidos porque os envolvidos desistem simplesmente por não existir qualquer procedimento estabelecido para lidar com eles?

- Existe um processo de mediação centrado nos interesses?

FALTA DE MOTIVAÇÃO

Mesmo que exista um procedimento negocial, as partes podem não dispor de motivação para negociar. Em Caney Creek, os mineiros tinham relutância em apresentar problemas aos respectivos encarregados com receio de retaliações. Além do mais, o procedimento reivindicativo era encarado com cepticismo. Os desfechos quase nunca ou mesmo nunca eram satisfatórios para os mineiros e muitos nem sequer eram ouvidos ou tinham possibilidade de se manifestar. Na Etapa 3 e na arbitragem, o mineiro era um observador passivo enquanto os representantes sindicais e empresariais discutiam questões de ordem técnica muito distantes do verdadeiro problema, na perspectiva do mineiro. As decisões arbitrais, muitas vezes proferidas vários meses após a apresentação da reivindicação, quase sempre negavam a própria reivindicação, por vezes numa linguagem incompreensível para os mineiros. Por outro lado, qualquer mineiro podia instigar uma greve selvagem e ser alvo de atenção imediata. Mesmo que não conseguisse os seus intentos, a sua voz seria ouvida e ele teria a satisfação emocional da vingança. Por conseguinte, a motivação para fazer greve era superior à de utilizar o procedimento reivindicativo.

Explorar as motivações subjacentes à utilização de diferentes processos é uma tarefa primordial para o especialista em concepção. Ajuda a identificar obstáculos à negociação que devem ser afastados e realça a necessidade de incentivos positivos. E um aspecto igualmente importante: serve para identificar os benefícios que, no entender das partes, derivam dos confrontos de direitos e poder. Poderá ser necessário igualar estes mesmos benefícios para que os litigantes comecem a recorrer a processos menos dispendiosos. A limitação das greves em Caney Creek, por exemplo, exigiria um procedimento alternativo que permitisse ao mineiro exprimir a sua raiva e verbalizar as suas queixas. Ao explorar as motivações que levam os litigantes a utilizar determinado processo, o especialista em concepção poderá colocar questões deste tipo:

- Qual o grau de satisfação dos litigantes com o desfecho do procedimento?

- O procedimento proporciona uma oportunidade de serem ouvidos? Os litigantes podem exprimir as queixas livremente, usando a sua própria linguagem? Os litigantes controlam o procedimento – ou este é controlado por outrem? Os litigantes participam na elaboração da solução final? Consideram o procedimento justo?

- O procedimento permite verbalizar as emoções como a raiva e a frustração? É uma forma de obter vingança? Até que ponto é que as pessoas sentem prazer no confronto? Parafraseando uma das alunas da Escola Secundária Bryant: "Eu só queria lutar. Quando alguém me dizia alguma coisa que não me agradava, nem pensava em conversar, só pensava em responder de forma agressiva".[5]

- Qual a percepção que os litigantes têm do procedimento em termos de tempo e dinheiro?

- O procedimento serve os interesses de outrem para além dos litigantes? Uma greve ostensivamente convocada para apoiar uma reivindicação pode, na realidade, destinar-se a beneficiar a direcção do sindicato ao centrar as atenções na empresa como um inimigo comum e solidificando assim internamente o sindicato. Por outro lado, as greves podem ser instigadas por opositores à direcção do sindicato, a fim de minar a autoridade dos dirigentes que pediram aos seus membros para não fazer greve.

DIAGNÓSTICO DO SISTEMA DE RESOLUÇÃO DE CONFLITOS ACTUAL

- O procedimento satisfaz os objectivos dos litigantes para além da resolução do conflito em causa? Uma empresa pode interpor uma série de acções judiciais para impor custos a outra empresa; um sindicato pode apresentar uma série de reivindicações para desgastar a imagem de um novo director de pessoal; um governo pode negociar com outro, não para resolver um conflito, mas para impressionar o público.

Saber o que motiva as partes a recorrer a procedimentos dispendiosos é crucial para o especialista em concepção que busca um sistema melhor. Não queremos com isto sugerir que as partes, em determinado conflito, escolham sempre um procedimento após pesarem criteriosamente os custos e benefícios prováveis. Em muitos casos, a motivação imediata para recorrer a determinado processo pode ser apenas uma questão de hábito. "Aqui, é o que se costuma fazer." No entanto, para persuadir as partes a romperem com hábitos ou costumes dispendiosos, o especialista em concepção deve levá-las a centrarem-se nos custos e benefícios dos processos que estão a utilizar para resolver conflitos em comparação com os de procedimentos alternativos.

FALTA DE COMPETÊNCIAS ESPECÍFICAS

Na Escola Secundária Bryant, um dos obstáculos à negociação era a falta de competências específicas entre os litigantes. Tal como acontecia em Caney Creek, onde descobrimos que os directores implicados e os representantes sindicais possuíam fracas competências de comunicação e negociação.

Mesmo quando existem competências específicas, a descrença das partes por estarem convictas do contrário pode impedi-las de recorrer a um procedimento baseado nos interesses. Um especialista em concepção que trabalha com um sindicato de professores e com os conselhos directivos de várias escolas disse-nos:

> Fiquei surpreendido ao aperceber-me de que os representantes sindicais e os conselhos directivos tinham relutância em recorrer à

mediação, embora a tivessem utilizado anteriormente na negociação de contratos. Em conversas informais com eles, compreendi que temiam que as suas competências não fossem as adequadas. Consideravam a mediação nas negociações contratuais como uma questão bastante simples, dado que costumavam ter diversos pontos de discussão, podendo, em alguns, chegar a uma solução de compromisso e noutros transigir. Não tinham a certeza do que poderia acontecer na mediação, nomeadamente porque encaravam a reclamação como um assunto isolado que os deixaria sem nada para negociar ou transigir.[6]

A avaliação das competências e conhecimentos negociais visa determinar a eventual utilidade da formação. O especialista em concepção poderá colocar as seguintes perguntas:

- As pessoas conhecem os procedimentos disponíveis e quando podem utilizá-los? Sabem o que devem fazer durante o procedimento? Sabem como utilizar os procedimentos para obter uma resolução satisfatória?

- Quais as competências dos litigantes e dos seus representantes para resolver problemas por negociação? Sabem escutar, explorando interesses e opções criativas?

- Quais as competências dos litigantes e dos seus representantes para submeter uma questão a arbitragem? Sabem formular os argumentos adequados? Conseguem apresentar as suas provas com eficácia?

O diagnóstico das competências é particularmente útil quando nos comportamentos individuais assenta uma razão fulcral para a frequência dos conflitos. Uma das questões que se suscita nestes casos é se é preferível formar ou substituir os indivíduos. Foi este o dilema que enfrentámos em Caney Creek relativamente ao encarregado da mina e ao presidente do sindicato local, as duas pessoas mais directamente envolvidas no processo. Nenhum tinha competências especiais para resolver problemas e os conflitos tinham tendência para se transformar rapidamente em discussões acaloradas. Sabíamos que o seu antagonismo resultava, em parte, das funções que desempenhavam. No entanto, ficámos também a saber que este nível de conflito entre os representantes da mina e do sindicato local era invulgar, que a sua animosidade interpessoal já existia há anos e resultava de incidentes que tinham ocorrido fora da mina. Concluímos que tentar promover as suas competências não iria aumentar o recurso à negociação, tornando-se necessário substituir um ou ambos.

FALTA DE RECURSOS

Mesmo quando existem procedimentos de negociação baseados nos interesses, a sua utilização pode ser dificultada por falta de informação ou de instituições que assegurem o seu funcionamento eficaz.

Um recurso frequentemente em falta são pessoas disponíveis para ajudar os litigantes a resolver os seus conflitos. Em Caney Creek, por exemplo, não havia nenhum elemento da direcção responsável pelas relações laborais. As reivindicações eram tratadas por um dos encarregados, que tinha essencialmente a seu cargo as operações e que não possuía tempo, competência nem sequer jeito para adoptar uma abordagem de resolução dos problemas. Outras organizações ou relacionamentos não dispõem de técnicos de resolução de conflitos, como mediadores ou árbitros.

Um segundo recurso importante é a informação. A disponibilização de informação relativa a acordos anteriores, por exemplo, facilitou muitíssimo a resolução de reivindicações de vítimas de asbestose.[7] A informação pode igualmente incluir dados técnicos sobre o problema. Um terceiro recurso necessário é uma instituição que faculte recursos humanos e materiais. Por exemplo, os mediadores de conflitos internacionais muitas vezes não têm onde recorrer para obter conselho, formação competente, conhecimentos pormenorizados do conflito, fundos e apoio de pessoal. Não existe qualquer serviço de mediação internacional que lhes preste assistência.[8]

O especialista em concepção deverá colocar as seguintes questões ao diagnosticar os recursos:

- Existe alguém a quem os litigantes possam pedir ajuda - alguém que os represente, que os aconselhe ou intervenha como mediador ou árbitro?

- Quais as competências destes representantes, mediadores ou árbitros? Estes "terceiros neutrais" são considerados justos e imparciais?

- A negociação é perturbada por falta de normas, precedentes, leis e outros parâmetros que poderiam ser utilizados para resolver conflitos ou por falta de informação técnica sobre o problema?

- Os procedimentos necessitam de ser conduzidos por uma pessoa ou instituição? É necessária uma instituição para facultar pessoal e informação com carácter permanente?

- A falta de pessoal, de informação ou de instituições deve-se a financiamento insuficiente?

OBSTÁCULOS A NÍVEL DA ORGANIZAÇÃO E DO AMBIENTE

Ao trabalhar no sistema de resolução de conflitos de uma empresa de alta tecnologia,[9] um especialista em concepção identificou um padrão constante de supressão dos conflitos. Os directores não confrontavam as divergências orçamentais com os responsáveis pelos projectos, protelando enfrentar os problemas até os mesmos se transformarem em crises graves. Nessa altura, o presidente da empresa decidia o desfecho. Havia directores frustrados que se demitiam. A forma como eram tratados os conflitos estava a afectar seriamente o desempenho e o moral.

DIAGNÓSTICO DO SISTEMA DE RESOLUÇÃO DE CONFLITOS ACTUAL

O especialista em concepção descobriu dois obstáculos básicos que impediam uma solução eficaz dos conflitos. O primeiro era a estrutura decisória demasiado centralizada da empresa. Os novos directores constatavam rapidamente que o presidente reservava para si a autoridade sobre todas as decisões e que eles seriam recompensados não por negociar a resolução dos conflitos, mas sim por acatarem os desejos daquele. O segundo obstáculo era o ambiente cultural, as convicções e costumes dos dirigentes de topo, incluindo o presidente. A sua cultura era marcada por uma aparência de harmonia, de fuga a confrontos e de respeito pela autoridade.

Tal como o exemplo ilustra, o diagnóstico procura revelar a forma como a organização e o seu ambiente criaram e reforçaram determinado padrão de resolução de conflitos. Por vezes, o diagnóstico pode levar a sugestões práticas que alterem as políticas organizacionais e contornem os obstáculos culturais. Talvez o seu principal objectivo consista em identificar os obstáculos que podem inviabilizar certos procedimentos. O diagnóstico acima referido, por exemplo, levou o especialista em concepção a concluir que, para conseguir alterações significativas, teria de envolver o presidente da empresa e confrontar as barreiras culturais que se opunham à resolução dos conflitos.

Poderá, pois, colocar questões deste tipo:

- De que forma os procedimentos utilizados são afectados pelos processos decisórios da organização? Qual o grau de centralização destes? No exemplo supra, a tomada de decisão altamente centralizada da empresa impedia a negociação a níveis inferiores.

- De que forma os procedimentos utilizados são afectados pelo sistema formal e informal de reconhecimento do desempenho na organização? Que tipo de resolução de conflitos é encarada pelos superiores? Pelos colegas? Na empresa exemplificada acima, por exemplo, os superiores e os colegas recompensavam os directores que evitavam a discussão aberta dos conflitos e deixavam que fosse o presidente a decidir.

- Qual o impacto do processo de selecção do pessoal e da formação no sistema de resolução de conflitos? Em Caney Creek, por exemplo, os directores não possuíam qualquer formação na resolução de problemas.

- De que modo os procedimentos utilizados são afectados pela cultura envolvente? Por exemplo, na subcultura da indústria mineira do carvão, recorrer à greve é uma tradição prestigiosa e apoiada pelo hábito de mostrar solidariedade para com os colegas do sindicato.

UM DIAGNÓSTICO DA RESOLUÇÃO DE CONFLITOS PARA NOVOS RELACIONAMENTOS

Ao conceber um sistema para uma organização ou relacionamento novos, como sucede quando os advogados elaboram uma cláusula contratual de resolução de conflitos, importa colocar as mesmas questões de diagnóstico: o quê, como e porquê. A diferença é que, em vez de diagnosticar tentativas anteriores e actuais para solucionar conflitos, tenta prever-se o modo como os futuros conflitos serão resolvidos na ausência de um esforço esquemático específico. Conhecer a experiência de organizações ou relacionamentos semelhantes é fulcral para este tipo de diagnóstico.

Suponhamos, por exemplo, que é criada uma nova seguradora no ramo da saúde. A directora do apoio a clientes deve conceber um sistema para a resolução de potenciais conflitos entre os clientes e a seguradora. Para tal, deve começar por perguntar-se *que tipo* de conflitos são previsíveis e em que quantidade. Qual foi a experiência das seguradoras congéneres existentes? Existe alguma legislação susceptível de afectar o número e tipo de conflitos? Deverá, em seguida, ponderar *como* é que esses conflitos foram tratados: que tipo de procedimentos foi estabelecido e quais os respectivos custos e benefícios? Deve informar-se em que medida os clientes de outras seguradoras utilizam opções diferentes, como a desistência das reclamações, o recurso à via judicial ou rescisão do acordo. Por fim, deverá investigar o *porquê*: quais as motivações, competências e recursos que poderão influenciar a escolha das partes sobre procedimentos de resolução dos conflitos? Qual será o provável impacto da organização, dos relacionamentos ou do ambiente no qual está inserida? Se os administradores da seguradora forem, por exemplo, recompensados por seguirem estritamente as regras, tal facto pode constituir um potencial obstáculo a negociações criativas baseadas nos interesses.[10] Um diagnóstico meticuloso pode, portanto, ser tão útil para a concepção de um sistema destinado a uma organização ou relacionamento novos como para melhorar um sistema já existente.

BENEFÍCIOS DO DIAGNÓSTICO

Em primeiro lugar, o diagnóstico determina o *tipo* de conflitos susceptíveis de ocorrer, a sua frequência e as partes envolvidas. Em segundo lugar, identifica *como* são resolvidos os conflitos e os casos em que será possível utilizar procedimentos de custo reduzido. O diagnóstico também proporciona ao especialista em concepção uma base sobre os custos dos conflitos correntes a partir da qual poderá avaliar o efeito das alterações de concepção. Mas, sobretudo, o diagnóstico revela o *porquê* da utilização de determinados procedimentos. Explora as motivações subjacentes ao emprego dos procedimentos e os benefícios que os sistemas baseados nos interesses devem satisfazer para se afirmarem. Determina se é necessário formar ou, por vezes, substituir alguém. Por último, examina os recursos – as pessoas, a informação e as instituições – disponíveis para apoiar os litigantes e determina se é necessário complementá-los. De posse desta informação, o especialista em concepção está pronto para elaborar um sistema novo ou aperfeiçoado. É o que vamos analisar no próximo capítulo.

CAPÍTULO 3

Concepção de um Sistema Eficaz de Resolução de Conflitos

DUAS COMPANHIAS PETROLÍFERAS, PRESTES A FORMAREM UM consórcio, acordam previamente em estabelecer um sistema de resolução de conflitos, segundo o qual tentarão resolver todos os diferendos com a intervenção de uma comissão paritária. Se esta iniciativa falhar, os conflitos serão remetidos para dois directores seniores, um de cada companhia, não participantes no consórcio. A sua missão consiste em estudar o problema e, ouvidas as respectivas companhias, negociar um acordo. Agem, portanto, como mediadores e como negociadores. Se não chegarem a acordo, o conflito será submetido a arbitragem, evitando-se a litigância.[1]

Um sindicato de bombeiros e uma associação de municípios estavam descontentes com o atraso, com os resultados insatisfatórios e com a deterioração das relações resultantes da arbitragem imposta pelas autoridades para a resolução de conflitos sobre os termos da convenção colectiva de trabalho dos bombeiros. Consultaram um especialista em concepção de sistemas de resolução de conflitos, o qual propôs que uma comissão paritária de representantes do sindicato e da administração recorresse à mediação para quebrar o impasse. Ambos os grupos aceitaram a proposta e pressionaram, com sucesso, a introdução da mediação no ordenamento jurídico.

Em caso de conflitos que não possam ser resolvidos de outra forma, manteve-se a arbitragem, mas o procedimento preferencial passou a ser a mediação.[2]

Na Arquidiocese Católica de Chicago, os directores escolares, em busca de melhores formas de resolver conflitos sobre a demissão de professores e a suspensão de alunos, criaram um procedimento faseado de resolução de conflitos, que prevê a negociação entre as partes litigantes, faculta aconselhamento por uma comissão escolar de gestão de conflitos composta por professores, encarregados de educação e directores de outras escolas e oferece os serviços de um mediador profissional.[3]

Em cada uma destas situações, foi concebido um sistema para reduzir os custos da resolução dos conflitos e produzir soluções mais satisfatórias e duradouras. Este capítulo aborda a metodologia necessária para criar este sistema – um sistema orientado para os interesses, a partir do diagnóstico do sistema actual, conforme referido no Capítulo 2. Neste capítulo, apresentam-se seis princípios básicos da concepção de um sistema de resolução de conflitos:

1. Colocar o acento tónico nos interesses.

2. Criar vias que permitam o regresso à negociação em caso de impasse.

3. Estabelecer procedimentos de custo reduzido baseados nos direitos e no poder.

4. Incluir consultas prévias e *feedback* posterior.

5. Ordenar os procedimentos por ordem crescente de custos.

6. Providenciar a motivação, as competências e os recursos necessários.

PRINCÍPIO 1:
COLOCAR O ACENTO TÓNICO NOS INTERESSES

O primeiro princípio, tema do Capítulo 1, é o mais elementar: criar (ou reforçar) processos de conciliar os interesses dos litigantes. O modelo do sistema de resolução de conflitos apresentado no Capítulo 2 sugere quatro modos complementares de o fazer: conceber procedimentos, reforçar a motivação, promover as competências e providenciar os recursos.

CONCEBER PROCEDIMENTOS

Há diversas formas de colocar o acento tónico nos interesses.

Iniciar as negociações com a maior brevidade possível. Na International Harvester, durante a década de 1950 e início da de 1960, o número de queixas e arbitragens subiu em flecha. Em resposta, a administração e o sindicato introduziram um procedimento inovador: o tratamento das reivindicações sujeito à oralidade a um nível primário. Quando um trabalhador apresentava uma queixa, eram feitos todos os esforços para resolvê-la no local, naquele dia, mesmo que isso obrigasse os administradores e os delegados sindicais a deslocar-se à oficina. Segundo palavras do director das relações laborais: "Não queremos papéis (reclamações por escrito), queremos que as pessoas desçam, ao nível dos conflitos, queremos evitar a litigância do passado e adoptar uma atitude que privilegie a resolução dos problemas."[4] Os resultados foram impressionantes, tendo o número de queixas por escrito caído a prumo para quase zero. Os dirigentes da empresa e sindicais não passaram mais tempo a resolver conflitos, antes pelo contrário.[5] O exemplo da International Harvester demonstrou o valor de procurar resolver os conflitos através de negociações logo que estes ocorram.

No estudo sobre as greves selvagens descrito no Capítulo 5, Brett e Goldberg constataram que os chefes de serviço das minas onde o número de greves era menor passavam muito mais tempo no subsolo a ouvir as reclamações e sugestões dos mineiros do que os seus congéneres das minas em que a frequência de paralisações era grande. A lição é evidente: um dirigente acessível pode conseguir resolver uma situação em termos do interesse antes desta se transformar numa luta de direitos ou numa greve. O simples facto de escutar atentamente uma pessoa e reconhecer a validade da sua pretensão pode ajudar, mesmo que não se possa fazer muito para resolver o assunto.

Estabelecer um procedimento negocial. O estabelecimento de um procedimento negocial reveste-se de utilidade crescente, à medida que o número de partes envolvidas no conflito aumenta e a complexidade dos assuntos se intensifica. Neste procedimento vai indicar-se, por exemplo, quem deve participar na negociação, o momento em que esta deve começar e terminar e o que acontece se não for bem sucedida. Estes modelos negociais existem em diversos domínios, desde a negociação colectiva, até à negociação de regulamentos federais ambientais e de segurança.

Um exemplo é a negociação obrigatória sobre a localização de instalações de tratamento de resíduos perigosos. A localização destas instalações é um problema recorrente em muitos Estados, originando frequentemente uma litigância intensa, batalhas legislativas e até lutas de poder. Quando confrontados com a decisão de um órgão governamental de instalar depósitos de resíduos na sua comunidade, alguns residentes bloquearam estradas, ameaçaram dinamitar instalações existentes e sequestraram funcionários públicos, no intuito de dar largas à sua raiva relativamente aos procedimentos utilizados pelos decisores políticos, que não tinham tomado em consideração as suas preocupações. Face a este problema recorrente, um dos Estados estabeleceu negociações obrigatórias entre um eventual promotor e representantes da comunidade. A negociação tinha por objectivo minimizar os efeitos nocivos das instalações e compensar a comunidade por quaisquer prejuízos ou riscos subsistentes. Na eventualidade de as negociações baseadas nos interesses não chegarem a bom termo, o Estado poderia impor a arbitragem.[6] No entanto, o objectivo da legislação consiste em criar um procedimento negocial centrado nos interesses e, assim, evitar não apenas a arbitragem mas também as dispendiosas acções judiciais e as lutas de poder.

Numa tentativa de lidar mais eficazmente com os conflitos decorrentes de projectos de regulamentos federais, algumas agências federais conceberam uma forma criativa e inovadora de substituir a litigância pela negociação baseada nos interesses. Habitualmente, uma agência apresenta uma proposta normativa, as partes interessadas pronunciam-se e, em seguida, a agência emite o regulamento. Muitas vezes, as partes descontentes com o regulamento contestam-no por via judicial. Numa tentativa para reduzir este tipo de litigância, algumas agências federais desenvolveram uma nova abordagem negocial com vista à elaboração de regulamentos (denominada *negreg*) na qual a agência e as partes interessadas participam em negociações cooperativas com a intervenção de um terceiro imparcial que visam atingir um consenso.[7]

> As partes exploram em conjunto os interesses comuns e as diferenças de opinião, colaboram na recolha e análise de informação técnica, apresentam opções que debatem e negoceiam segundo as suas prioridades. Quando se chega a consenso, o projecto de regulamentação é publicado no *Federal Register** seguindo-se a reapreciação e discussão convencionais. Dado que a maioria das partes que se poderia pronunciar já concordou com a proposta, o período de reapreciação deverá decorrer sem problemas. As perspectivas de litigância posterior serão praticamente inexistentes.[8]

As agências que utilizam este procedimento disponibilizam geralmente recursos que a apoiam, nomeadamente terceiros que coordenam as negociações e prestam serviços de mediação.[9]

Conceber negociações faseadas. Nos procedimentos deste tipo, um conflito não resolvido num determinado nível da hierarquia organizacional passa, progressivamente, para níveis mais elevados, havendo vários negociadores en-

---

* N. T. Registo Federal.

volvidos em cada um deles. Um dos exemplos é o procedimento de queixas por incumprimento contratual vigente na indústria carbonífera: na Etapa 1, processa-se a negociação entre o mineiro e o seu encarregado, na Etapa 2, a negociação entre a comissão sindical e a direcção da mina e, na Etapa 3, a negociação entre representantes sindicais distritais e a administração.

Os procedimentos negociais faseados, comuns no contexto das relações entre os parceiros sociais, vêm sendo cada vez mais utilizados pelas partes em contratos comerciais a longo prazo. Um destes procedimentos foi descrito por um advogado que a ele recorre com frequência:

> Os colaboradores de nível hierárquico inferior - como os chefes de projecto de cada organização que se relacionam diariamente - tentam resolver [o conflito]. Se a tentativa falhar, remetem a questão para os seus superiores. Se estes não conseguirem solucioná-la, intervém então um vice-presidente, um vice-presidente sénior ou o presidente do conselho de administração, consoante a dimensão da empresa. Neste caso, as forças em acção são (1) não vai quer que o seu patrão saiba que não conseguiu resolver o problema e (2) as pessoas de nível superior têm tendência a ter uma perspectiva mais ampla do que os operacionais.[10]

O procedimento utilizado na indústria petrolífera e descrito no início deste capítulo constitui outro exemplo de uma negociação faseada. Obtém-se uma perspectiva ainda mais ampla porque ambos, executivos de topo de cada uma das empresas, são intencionalmente escolhidos pelo seu distanciamento em relação àquele conflito específico. É o método mais aproximado da mediação, mas sem que haja a intervenção de um mediador.

REFORÇAR A MOTIVAÇÃO

A negociação baseada nos interesses é intrinsecamente motivadora. Tende a proporcionar resultados mais satisfatórios, maior representação e maior controlo sobre o processo, com custos inferiores aos de procedimentos como a litigância ou baseados em lutas de poder. No entanto, existem obstáculos frequentes, inerentes à situação, que desmotivam as partes a recorrer às negociações baseadas nos interesses. Estes obstáculos podem muitas vezes ser ultrapassados com um planeamento adequado.

Criar múltiplos pontos de entrada. Alguém que pretenda fazer uma reclamação pode não confiar ou sentir empatia pela pessoa a quem deve apresentá-la. É possível atenuar este problema introduzindo múltiplos pontos de entrada no sistema de resolução de conflitos. No Massachusetts Institute of Technology, por exemplo, um aluno que queira apresentar uma reclamação pode fazê-lo ao decano, ao chefe do departamento académico, a um administrador da universidade ou a um provedor de justiça.[11] Na IBM, um colaborador pode apresentar um problema ao seu director imediato, ao superior deste ou, no caso de decisões pessoais, até mesmo ao presidente da empresa.[12]

Conferir autoridade ao negociador. Em Caney Creek, os mineiros desistiam de muitas reivindicações, mas acumulavam-nas até que explodiam sob a forma de greve. Os mineiros disseram-nos que não servia de nada apresentarem uma reclamação ao encarregado, dado que ele não tinha autoridade para a resolver. É possível abordar este problema de duas maneiras: conferir ao encarregado a autoridade necessária ou proporcionar ao trabalhador a oportunidade de apresentar a sua reclamação a quem de direito. A primeira abordagem, que descentraliza a autoridade, tem muito que se lhe diga e pode implicar alterações organizacionais significativas. Sugerimos esta abordagem em Caney Creek, mas não foi implementada. Na International Harvester, adoptou-se a segunda via e aqueles com autoridade iam resolver as questões conflituosas nos locais de trabalho onde surgiam.

Acabar com as retaliações. Em Caney Creek, os mineiros mostravam-se relutantes em recorrer ao procedimento negocial estabelecido por ser habitualmente interpretado como um processo contraditório e muitos deles temerem retaliações por parte do respectivo encarregado. Para atenuar estes receios, a direcção convidou os mineiros a apresentarem as suas reclamações e emitiu um aviso público de que qualquer encarregado que exercesse retaliações sobre um trabalhador por apresentar uma reclamação seria despedido.

Criar oportunidade de encontro. Por vezes, os litigantes temem que o facto de sugerirem negociações seja encarado como sinal de fraqueza. Uma das formas de lidar com este problema é instituir a obrigatoriedade da negociação, à semelhança da audiência de partes ordenada pelo juiz na fase instrutória do processo. Outra forma consiste em criar ocasiões de encontro, não explicitamente para negociar mas nas quais é fácil negociar. As Nações Unidas exercem esta função relativamente a dezenas de nações e grupos beligerantes para os quais os riscos de reunião formal são demasiado elevados. O vestiário do Senado da ONU desempenha um papel semelhante, proporcionando ocasiões informais e privadas, nas quais os senadores podem resolver os seus diferendos legislativos. O especialista em concepção pode criar oportunidades de interacção informal, por exemplo, incitando os directores a percorrerem as instalações, a agendarem reuniões sobre um tema de interesse mútuo ou mesmo a organizarem com regularidade uma reunião social.

PROPORCIONAR COMPETÊNCIAS E RECURSOS

Além de fortalecer a motivação para negociar, um especialista em concepção pode fomentar as negociações baseadas nos interesses, através de formação contínua em técnicas de negociação. A formação inicial pode ser ministrada por ele próprio e a formação subsequente por outras pessoas, como o director de pessoal ou um delegado sindical. Falaremos mais pormenorizadamente sobre estes temas no Capítulo 4.

Disponibilizar uma pessoa a quem se possa recorrer. O especialista em concepção pode igualmente assegurar a disponibilidade de várias pessoas para apoiar os litigantes, ouvindo as suas reclamações, representando-os e orientando o procedimento. A IBM, por exemplo, tem um programa de "director residente", no qual é atribuída a um dirigente de topo a responsabilidade de escutar os colaboradores de determinada área, ouvir as suas queixas e discutir as medidas a adoptar.[13]

Uma variante desta mesma ideia é contratar um provedor. Esta função teve origem na Escandinávia para investigar as reclamações dos cidadãos contra as burocracias do Estado. Nos Estados Unidos, os provedores tratam essencialmente de reclamações em instituições como empresas, hospitais, prisões e universidades.[14] Uma das missões fundamentais do provedor, a quem costuma faltar poder decisório, consiste em estar disponível para escutar as reclamações, encaminhá-las para a pessoa certa e garantir que são resolvidas com rapidez. O assunto é muitas vezes resolvido simplesmente com a escuta e o fornecimento de informação objectiva pelo provedor. Se a reclamação se referir a salários, por exemplo, o provedor pode facultar informação sobre os salários médios.

Se os litigantes não tiverem capacidade para adquirir as técnicas negociais básicas, se o montante em causa for insuficiente para justificar o custo da formação nesta área ou se a componente emocional do conflito for significativa, o especialista em concepção deverá ponderar a necessidade da intervenção de mandatários. Nas negociações informais, este papel pode ser desempenhado por um colega e, num ambiente mais formal, por um advogado.

Quanto maior for o número das partes envolvidas, maior a necessidade de intervenção de especialistas habilitados a gerir o procedimento de resolução dos conflitos. Em negociações sobre regulamentação federal, as agências federais costumam facultar facilitadores para aproximar as partes e conduzir as negociações.[15] Quanto mais complexo for o assunto, maior é a necessidade de apoio especializado, nomeadamente para os que não possuem competências técnicas ou recursos para as adquirir.

MEDIAÇÃO

Há um recurso, o mediador, que ajuda os litigantes a chegarem a acordo que merece uma atenção especial. A mediação é uma negociação coadjuvada por terceiros. As negociações esbarram frequentemente em barreiras que um mediador pode ajudar a remover. Um mediador pode conseguir que as negociações evoluam para além das injúrias pessoais, encorajando os litigantes a exprimirem as suas emoções e a reconhecerem a perspectiva do outro. Um mediador pode ajudar as partes a ultrapassar "becos sem saída", levando-as a identificar os seus interesses subjacentes e a desenvolver soluções criativas que as satisfaçam. Quando as partes mostram relutância em propor um compromisso, com receio de aparentar fraqueza, pode ser o mediador a fazer essa proposta. Por conseguinte, os mediadores estão bem colocados para desviarem o âmago da discussão dos direitos ou do poder para os interesses. A mediação pode servir de rede de segurança para impedir a escalada de um conflito para um procedimento baseado nos direitos, como uma acção judicial, ou no poder, como uma greve.

A mediação é amplamente usada nas relações laborais, na negociação das convenções colectivas de trabalho e, com uma frequência crescente, na apreciação e resolução de queixas. Os programas de mediação ambiental e comunitária estão a tornar-se cada vez mais comuns. A mediação é utilizada em todos os tipos de conflitos, desde as discussões familiares e problemas empresariais até aos conflitos internacionais.

Mediação por pares versus *mediação por peritos*. Os procedimentos de mediação são muito variados. Talvez o factor mais significativo que influencia o custo do procedimento seja o facto de o mediador ser um perito exterior à organização ou um colega dos litigantes. Recorrer à mediação dos pares não só é menos dispendioso (estes, ao contrário dos peritos, não costumam ser pagos), como também permite que alguém intervenha imediata e informalmente antes que o conflito se intensifique. No programa de uma escola do ensino básico de São Francisco, as crianças são formadas para mediar os conflitos surgidos no recreio.[16]

Um hospital do Texas disponibiliza diversos graus de mediação. Um especialista em concepção formou um grande número de supervisores, de modo a que houvesse sempre um próximo dos litigantes, pronto a intervir. Várias pessoas no âmbito dos cuidados pessoais e serviços pastorais e sociais foram igualmente identificadas como especialistas na prestação de serviços de mediação. O especialista em concepção concordou ainda em disponibilizar mediadores profissionais aos quais é possível recorrer em conflitos particularmente difíceis. Assim, o hospital conta com três níveis de mediação: assistência rápida e informal dos supervisores, tendente a resolver o problema no local, peritos da organização e profissionais externos.[17]

Promover a motivação. Não basta organizar o procedimento de mediação. Os litigantes precisam de ser motivados a utilizá-lo. O programa de mediação da Escola Secundária Bryant, por exemplo, teve início com seminários nas salas de aula sobre resolução de conflitos, partindo da premissa de que os alunos familiarizados com a mediação estariam motivados para a pôr em prática em caso de litígio. Noutro contexto, as pessoas que vão a tribunal são incentivadas pelos funcionários judiciais ou pelo juiz a recorrer à mediação.[18]

Devidamente conduzida, a mediação pode satisfazer algumas das necessidades de exteriorização emocional. Nos conflitos interpessoais, em que as emoções subjacentes são um elemento central, os litigantes podem ser encorajados a exprimir as suas preocupações e a reconhecer as preocupações do outro lado. Vejamos o relato de uma aluna da Bryant que participou no programa de mediação da escola:

> A mim, só me interessava lutar... entrei numa sessão de mediação como litigante contra quatro raparigas. Pensei: "Para que é que isto serve? O que é que eu estou aqui a fazer?" Só me apetecia

dar-lhes um murro. Julguei que a mediadora me ia dizer o que eu devia fazer. Mas não disse. Pelo contrário, ela fez-me falar e ouviu-me. Foi tão bom poder desabafar. A zanga passou-me por completo. Pensei: "Boa, se deu resultado comigo quero aprender como se faz." Depois da minha formação, a atmosfera à minha volta mudou.[19]

Promover as competências. Os mediadores precisam de formação. A seguir aos seminários realizados na Escola Secundária Bryant, houve formação intensiva para os mediadores. A formação consistia em conferências, debates e *role-plays* nos quais os formandos desempenhavam tanto o papel de mediadores como o de litigantes. O especialista em concepção pode recorrer a este método para o exemplificar às partes, bem como aos eventuais mediadores do procedimento. Os litigantes e os mediadores aprendem o que se espera deles e vêem pessoas iguais a si a utilizar o procedimento para conseguir chegar a acordo. O programa de mediação de reivindicações contratuais, por exemplo, disponibiliza formação em mediação não apenas a mediadores mas também a representantes sindicais e dirigentes que participam no processo.

Disponibilizar recursos. Os programas de mediação exigem que as instituições seleccionem, formem, nomeiem e avaliem os mediadores. Os centros de resolução de conflitos de proximidade foram criados para desempenhar esta função junto das comunidades. Fundámos o Mediation Research and Education Project* para este efeito. Estas instituições também podem apoiar os mediadores, facultando-lhes *feedback* sobre o seu desempenho, bem como cursos de reciclagem. Asseguram continuidade, à medida que os mediadores vão saindo e são depositários da memória colectiva, capaz de avaliar os resultados do programa e efectuar alterações no sistema de mediação. Por último, estas instituições podem contribuir para uma difusão mais ampla do programa, no âmbito da organização ou da comunidade alargada.

---

* N. T. Projecto de Educação e Investigação em Mediação.

Riscos da mediação. Ao introduzir um programa de mediação, o especialista em concepção deve ser sensível a consequências imprevistas. Em primeiro lugar, poderá algum grupo, particularmente susceptível à violação dos seus direitos, aceitar uma limitação ou perda dos mesmos? Por exemplo, uma empresa que gere um prédio de habitação social poderá preferir um procedimento de mediação para resolver as reclamações dos inquilinos. É possível, porém, que este procedimento resolva as reclamações de uma forma diferente da estipulada pelo tribunal. Assim, se um inquilino se queixar de ratos no seu apartamento, a mediação pode levar o senhorio a colocar ratoeiras no apartamento, em vez da operação de exterminação integral exigida pelo tribunal em conformidade com a legislação sobre habitação urbana. Apesar deste risco de limitação dos direitos, o especialista em concepção pode concluir que se justifica um procedimento de mediação, devido aos custos, habitualmente inferiores (motivo de alguma preocupação para inquilinos com baixos rendimentos), aos desfechos potencialmente mais satisfatórios e ao menor risco de crispação das relações existentes entre senhorio e inquilinos. Para minimizar o risco de uma limitação involuntária dos direitos dos inquilinos, pode tomar providências para que estes recebam formação sobre a legislação da habitação e aconselhamento jurídico.[20]

Uma segunda consequência inesperada é a de que o procedimento possa dissuadir ou incentivar uma alteração na distribuição do poder. A introdução de um programa de mediação numa fábrica não sindicalizada, por exemplo, pode atenuar alguns conflitos, entravando assim os esforços de sindicalização da mesma. Os especialistas em concepção que reflectem sobre novos procedimentos devem portanto ser sensíveis aos seus impactos nos direitos legalmente tutelados e no equilíbrio de poder. Talvez seja conveniente alertar as partes para estas consequências e decidir se devem apoiar a mudança.

PRINCÍPIO 2:
CRIAR VIAS QUE PERMITAM O REGRESSO À NEGOCIAÇÃO EM CASO DE IMPASSE

Nem sempre os procedimentos baseados nos interesses resolvem os conflitos, mas um confronto de direitos ou de poder pode ser excessivamente dispendioso. O especialista em concepção experiente deverá, portanto, utilizar procedimentos que levem os litigantes a afastar-se desses confrontos e a negociar. A isto chama-se viabilizar o regresso à negociação. É conveniente caracterizar estes procedimentos, consoante o tipo de conflito em questão (direitos ou poder).

LUTA POR DIREITOS

Alguns procedimentos que permitem o regresso à negociação fornecem informação sobre os direitos dos litigantes e o provável desfecho de um processo judicial. Os litigantes podem, pois, servir-se desta informação para negociar uma solução. Assim, os direitos são determinados ao menor custo possível e a resolução permanece consensual, aumentando geralmente a satisfação das partes, a qualidade do relacionamento e a duração do acordo. Segue-se uma breve descrição destes procedimentos:

Procedimentos informativos. Nos últimos anos, o sistema judicial tem sido inundado por milhares de acções contra os fabricantes de amianto. Alguns especialistas em concepção inovadores, contratados pelo tribunal, criaram bases de dados contendo informações sobre as características e os resultados das reclamações que foram resolvidas por via judicial ou por acordo. Quando é intentada uma nova acção, os especialistas identificam as semelhantes existentes na base de dados e utilizam a informação sobre as decisões relativas a casos análogos para determinar a decisão provável para o novo caso. Esta informação reduz a incerteza sobre as probabilidades de resolução do caso e fornece um padrão independente, que pode ajudar os advogados a resolver a questão.[21]

Este procedimento exige recursos humanos, ou seja, técnicos para criar o banco de dados e um procedimento analítico de recolha da informação, especialistas para familiarizar os advogados com os métodos e profissionais para registar os dados no computador e efectuar a análise. O objectivo último é dispensar estes peritos. Quando for apresentado um caso novo, os oficiais de justiça terão capacidade para aceder a um simples programa de computador e fornecer a informação aos advogados.

Arbitragem consultiva. A arbitragem consultiva constitui outra forma de prestar informação sobre direitos. Embora a decisão do árbitro não seja vinculativa, faculta elementos às partes sobre os prováveis resultados, consoante o conflito seja resolvido por arbitragem ou por via judicial. Esta informação reduz a incerteza das partes quanto ao teor de uma sentença, motivando-as para chegarem a uma resolução negociada.

Os custos de transacção são habitualmente inferiores aos da arbitragem vinculativa ou do tribunal, dado que as audiências são curtas e as previsões são feitas oralmente. Assim, há muitos tribunais que, em certos casos, obrigam as partes a recorrer à arbitragem consultiva, decidindo apenas as questões não solucionadas por esta via.[22]

O procedimento de mediação de conflitos laborais que concebemos para a indústria carbonífera (descrito em pormenor no Capítulo 7) conjuga a mediação com a arbitragem consultiva. Se a primeira falhar, as partes podem solicitar ao terceiro que se pronuncie sobre a provável decisão arbitral e, de posse desta informação, continuar a negociar ou aceitar o prognóstico.

Mini-trials. Uma variante da arbitragem consultiva que visa igualmente promover um acordo negociado através do fornecimento de informação é o *mini-trial*. Neste procedimento, os advogados de cada parte apresentam provas e argumentos aos representantes das partes dotados de autoridade decisória. Tais representantes serão, idealmente, executivos de topo nas respectivas organizações que não tenham estado anteriormente envolvidos no conflito. Costuma também estar presente um consultor neutro, muitas vezes um antigo juiz. Depois de ouvirem as alegações, os executivos tentam negociar uma solução. Se tiverem dificuldade, podem pedir ao consultor neutro que preveja o desfecho mais provável no tribunal.

Esta abordagem apresenta várias vantagens. Coloca as negociações nas mãos de pessoas que não estão emocionalmente envolvidas no conflito e que o perspectivam no contexto dos interesses mais latos da organização. Fornece-lhes informações sobre direitos e sobre o provável desfecho judicial, o que as ajuda a negociar uma resolução acertada.[23] Proporciona, igualmente, aos advogados a oportunidade de exercerem as suas capacidades, atenuando desse modo uma potencial oposição ao procedimento.

O julgamento por um tribunal de júri informal é uma adaptação do *mini-trial*, que proporciona mais informação directa sobre a provável reacção dos jurados. Os advogados apresentam um breve resumo do caso a um hipotético júri escolhido entre o banco de jurados habitual do tribunal. O júri delibera e emite um veredicto, habitualmente sem saber que o mesmo é apenas consultivo. Em seguida, tal como no *mini-trial* os representantes das partes litigantes utilizam a informação para tentar negociar um acordo.[24]

LUTA DE PODER

O especialista em concepção pode igualmente criar métodos que incentivem os litigantes a abdicar das lutas de poder e a optar pela negociação.

Períodos de reflexão. Um acordo negociado raramente parece tão conveniente como quando as partes estão prestes a iniciar – ou já iniciaram - uma dispendiosa contenda. Um procedimento simples, concebido para tirar partido desta receptividade, é o chamado período de reflexão, um tempo específico durante o qual os litigantes se abstêm de um confronto de poder. A Lei Taft-Hartley e a Lei Railway Labor estipulam períodos de reflexão antes de qualquer greve que ameace provocar uma emergência nacional.[25] Durante este período, decorrem habitualmente negociações, embora as mesmas não sejam obrigatórias. Os períodos de reflexão são igualmente úteis em conflitos de pequena dimensão. Na peça de Noel Coward intitulada *Private Lives**, um casal conflituoso concorda que, sempre que durante uma discussão um deles sinta que está a perder o controlo, grite "Solomon Isaacs", como um sinal para suspender todas as conversas durante cinco minutos, enquanto cada um tenta acalmar-se.

Procedimentos de negociação de crises. Em Caney Creek, os mineiros entravam muitas vezes em greve sem discutirem as suas queixas com a administração. Recomendámos duas etapas complementares para evitar greves. Antes de qualquer paralisação, os delegados sindicais deveriam reunir-se com a administração para analisarem as preocupações dos mineiros. Estes discutiam então a resposta da administração e votavam a realização ou não da greve.

A negociação em tempo de crise coloca exigências especiais aos negociadores. Pode, por conseguinte, ser útil ministrar uma formação adequada – *role-plays*, listas de verificação e procedimentos operacionais normalizados. Há igualmente vantagem em introduzir um mecanismo de comunicação de crises. Nos conflitos entre os Estados Unidos e a União Soviética, era essa a função da linha directa. Ury trabalhou nos últimos cinco anos com funcionários norte-americanos e soviéticos na criação de "centros de redução do risco nuclear" – centros de crise, que funcionavam 24 horas por dia em Washington e em Moscovo, para comunicações e negociações de emergência visando impedir uma guerra nuclear acidental.[26] A criação destes centros, que estão agora operacionais, foi objecto de um acordo, assinado em Washington no dia 15 de Setembro de 1987.

---

* N. T. "Vidas Privadas".

Intervenção de terceiros. Em caso de manifestações violentas no decorrer de uma greve ou de uma discussão familiar, a polícia intervém para terminar o confronto. Por conseguinte, já existe uma forma de intervenção de terceiros em muitos sistemas de resolução de conflitos. Em algumas situações, esta intervenção revela-se muito útil. Um dos exemplos é o Conflict Managers Program*, existente nas escolas de São Francisco, que as crianças utilizam para intervir nas discussões que ocorrem no recreio.[27] Vestidas com *T-shirts* cor-de-laranja onde está escrito "Gestor de Conflitos", as crianças trabalham em pares durante o almoço e nos intervalos para detectar e tentar mediar as discussões que ocorram. Na cena internacional, as forças de manutenção da paz das Nações Unidas separam as facções beligerantes e ganham tempo para negociação e mediação. Estes esforços exigem formação e recursos, como coordenadores e intermediários externos.

PRINCÍPIO 3:
ESTABELECER PROCEDIMENTOS DE CUSTO REDUZIDO BASEADOS NOS DIREITOS E NO PODER

Uma parte fundamental de um sistema de resolução de conflitos eficaz é a existência de procedimentos de custo reduzido que permitam uma resolução final baseada nos direitos ou no poder. Estes procedimentos constituem uma base de segurança, caso as negociações baseadas nos interesses não cheguem a bom termo.

PROCEDIMENTOS DE CUSTOS REDUZIDOS PARA DETERMINAR DIREITOS

Arbitragem convencional. A arbitragem é uma alternativa menos dispendiosa do que a via judicial, podendo ser designada por "julgamento privado". À semelhança da via judicial, a arbitragem é um procedimento baseado nos direitos, no qual as partes (ou os seus representantes) apresentam provas e argumentos a uma terceira parte

---

* N. T. Programa de Gestores de Conflitos.

neutra, que toma uma decisão vinculativa.²⁸ Os procedimentos arbitrais podem ser mais simples, mais rápidos e menos dispendiosos do que os processos judiciais. Não é necessário seguir regras formais e podem ser acordados limites de tempo rigorosos e colocadas restrições à utilização de advogados e de meios de provas dispendiosos.

A arbitragem é, desde há muito, utilizada para resolver uma série de conflitos. Actualmente, mais de 95 por cento de todas as convenções colectivas de trabalho prevêem a arbitragem dos conflitos emergentes do contrato de trabalho.²⁹ Alguns conflitos internacionais são igualmente resolvidos por arbitragem. Em sentido lato, a arbitragem é um processo habitual em muitas organizações. Dirigentes em desacordo solicitam uma decisão a um superior.³⁰ Na família, é frequente os filhos pedirem aos pais para resolverem os seus conflitos.

Há diversas formas de arbitragem. Em situações pouco relevantes, ou em que as discussões do mesmo tipo são frequentes, as partes podem optar por um procedimento arbitral agilizado susceptível de tratar rapidamente muitos conflitos, a que se dá o nome de arbitragem expedita. Existem dois outros tipos de arbitragem que se revestem de particular interesse, visto incentivarem o regresso às negociações, e que são a *med-arb* e a "proposta final".

Med-Arb. O especialista em concepção dividido entre mediação e arbitragem pode idealizar um método híbrido, a *med-arb*, no qual o mediador desempenha o papel de árbitro se a mediação falhar. A eficácia é uma das vantagens deste método relativamente à mediação simples. Se a mediação falhar, não é necessário envolver um terceiro neutral no assunto em disputa. Outra vantagem, é as partes saberem que este terceiro irá resolver o conflito se elas não conseguirem, pelo que irão prestar mais atenção às suas sugestões, incluindo o enquadramento jurídico que o mesmo possa apresentar. Uma vantagem adicional sobre a arbitragem simples é o facto de a *med-arb* promover uma solução negociada em vez de um desfecho imposto. O procedimento proporciona igualmente ao terceiro flexibilidade para arbitrar apenas os assuntos em que as partes não conseguem chegar a acordo por si próprias, pelo que a determinação dos direitos permanece num nível mínimo, ficando aberta a via de retorno à negociação.

A *med-arb* tem várias desvantagens. O que parece ser uma solução negociada pode ser entendida pelas partes como uma imposição, diminuindo, por conseguinte, o grau de satisfação e de compromisso. Além do mais, como as partes sabem que o terceiro independente tem autoridade para resolver o conflito, podem reter informação que, de outro modo, seria útil para chegarem a um acordo mediado mas que pode prejudicá-las na arbitragem. Em alternativa, poderão revelar ao mediador informação que não deveria influenciar a sua decisão, caso venha a arbitrar o conflito. Se isso acontecer, o mediador poderá ter dificuldade em se abstrair da informação e a parte prejudicada terá ainda mais dificuldade em acreditar que ele o fez.[31]

Proposta final. A arbitragem pode ainda promover uma solução negociada de outra maneira. Na modalidade conhecida por "proposta final"*, o árbitro não tem autoridade para impor um compromisso entre as posições das partes, devendo decidir com base numa das "propostas finais" apresentadas. Por conseguinte, cada uma das partes sente-se pressionada a apresentar uma "proposta final" mais aceitável do que a da outra, na convicção de que o árbitro adoptará a mais razoável. Verifica-se assim uma aproximação entre as posições recíprocas das partes, que em muitos casos é suficiente para vencerem o fosso que as separa num processo negocial. Este procedimento é particularmente interessante quando o enquadramento jurídico do caso é complexo, dificultando a decisão arbitral, o que aumenta a probabilidade de uma solução de compromisso. Tem sido utilizado com sucesso para estabelecer a solução negociada de conflitos sobre os salários de jogadores de basebol da primeira liga, bem como de convenções colectivas de trabalho do sector público.[32]

---

* N. T. No original, *final offer arbitration*.

Facultar motivação, competências e recursos. Como se consegue motivar as partes a recorrer à arbitragem quando os procedimentos baseados nos interesses falham? Se a alternativa mais provável for a via judicial, as vantagens que a arbitragem apresenta podem ser um incentivo. No entanto, algumas partes preferem a via judicial, em que é muito mais fácil contestar uma decisão desfavorável. A arbitragem consultiva pode tranquilizá-las, principalmente se for consultiva para um dos lados mas obrigatória para o outro. Por exemplo, numa tentativa para convencer os consumidores descontentes a submeterem as suas reclamações a arbitragem, alguns programas de arbitragem entre fornecedores e consumidores estipulam que a decisão arbitral é vinculativa para o fornecedor, mas não para o consumidor.[33]

Outra forma de fomentar a arbitragem consiste em introduzir uma cláusula contratual arbitral (cláusula compromissória) nos contratos, o que impõe que, em caso de conflito, a arbitragem seja vinculativa. Regra geral, é mais fácil um acordo de princípio sobre a arbitragem do que no contexto de um conflito específico. Se surgir um conflito, um líder poderá então dizer ao seu eleitorado que está de mãos atadas e vinculado por contrato ou por tratado a submeter a questão a arbitragem.

Se todas as tentativas de acordo sobre a resolução do conflito falharem, a arbitragem pode ser tornada obrigatória. Conforme já foi referido, alguns tribunais exigem que os litigantes submetam o seu conflito a arbitragem antes de recorrerem à via judicial. Se as negociações se revelarem infrutíferas para resolver um conflito sobre a localização de lixeiras de resíduos perigosos, a lei exige o recurso à arbitragem.

Em todas as modalidades de arbitragem intervêm árbitros. O especialista em concepção poderá ter de ajudar as partes a escolher os árbitros. Estes podem necessitar de formação técnica e os representantes das partes de formação jurídica. Neste caso, uma instituição como a American Arbitration Association* pode revelar-se útil, providenciando formação e árbitros.

---

* N. T. Associação Norte-Americana de Arbitragem.

PROCEDIMENTOS DE CUSTOS REDUZIDOS PARA A DETERMINAÇÃO DE QUEM É DETENTOR DO PODER

Por vezes, mesmo quando estão disponíveis procedimentos baseados nos interesses e nos direitos, é impossível chegar a acordo porque uma ou ambas as partes estão convencidas que são mais poderosas do que a outra e de ter possibilidades de conseguir uma solução mais satisfatória através de um confronto de poder. Antevendo esta situação, o especialista em concepção deverá ponderar a inclusão no sistema de um procedimento económico baseado no poder, a utilizar como alternativa final a todos os restantes. Pode ser difícil fazer com que as partes aceitem este procedimento, dado que cada uma delas irá provavelmente opor-se a qualquer metodologia nova que pareça ser mais vantajosa para a outra. Assim, é provável que este esforço conceptual apenas tenha sucesso se a utilização de procedimentos baseados no poder implicar custos elevados para todas as partes. Existe uma enorme variedade de lutas de poder relativamente económicas, incluindo votação, greves parciais e as designadas "regras de prudência".

Votação. Antes da National Labor Relations Act (NLRA*) de 1935, os conflitos sobre os direitos de participação dos trabalhadores nas negociações colectivas eram resolvidos com o recurso a greves e a violência. Alguns trabalhadores eram mortos e muitos ficavam gravemente feridos. A NLRA prestou uma enorme contribuição para o fim da violência, ao criar uma luta de poder de custos reduzidos – a eleição sindical – e ao exigir que os empregadores negociassem de boa fé com um sindicato eleito pela maioria dos trabalhadores.

Greves parciais. Uma proposta que reduziria o custo elevado de uma greve seria a sua substituição por uma greve simbólica. Tomemos, por exemplo, a greve de 1987 dos jogadores profissionais de futebol americano. Nos termos da proposta, os trabalhadores continuariam a trabalhar em vez de fazer greve, ou seja,

---

* N. T. Lei norte-americana que regula as relações laborais.

os jogadores continuariam a jogar futebol. Mas, tal como numa greve, eles renunciariam ao seu salário normal e a administração renunciaria aos seus lucros normais. Estes montantes seriam colocados num depósito de garantia e uma parte crescente ao longo do tempo seria doada a obras de beneficência escolhidas por ambos os lados. Deste modo, a luta de poder prosseguiria, mas não impediria as partes de lutar pelo seu objectivo mútuo, a promoção do futebol. No final, este confronto de poder seria menos dispendioso para os litigantes do que uma greve convencional, dado que o dinheiro do depósito de garantia lhes seria devolvido quando o conflito fosse resolvido.[34]

Esta interessante proposta de luta de poder de custo reduzido ainda não foi adoptada, mas existem outros tipos económicos de greves que são usados pontualmente. Um exemplo é a greve simbólica em que os trabalhadores paralisam durante uma hora (ou menos), de modo a demonstrarem o seu poder mas sem incorrerem ou imporem custos elevados. No Japão, os trabalhadores recorrem, por vezes, a uma greve de solidariedade. O trabalho continua como habitualmente, mas cada trabalhador usa uma tira preta no braço em sinal de descontentamento e para manter as suas reivindicações acesas e visíveis aos olhos da administração.

Uma das nossas sugestões para reduzir os custos das greves em Caney Creek foi que o sindicato abandonasse a prática corrente, em que o primeiro turno a entrar em greve era o primeiro a regressar ao trabalho, mesmo que o conflito tivesse sido resolvido a tempo de um turno anterior retomar o serviço. O sindicato adoptou uma nova política de regresso ao trabalho logo que o conflito fosse resolvido, a qual continuava em vigor passados oito anos.

Como em todas as lutas de poder, os conflitos menos dispendiosos comportam o risco de escaladas imprevistas. A aquisição de competências pode revelar-se útil. Por exemplo, os líderes das manifestações na central nuclear de Seabrook receavam que a manifestação se tornasse violenta e, por isso, organizaram um extenso programa de formação em acções não violentas para os potenciais manifestantes.[35]

Regras de prudência. As partes podem acordar, tácita ou explicitamente, em limitar o efeito devastador das tácticas utilizadas nas lutas de poder. Gangues juvenis podem, por exemplo, concordar usar apenas os punhos e não facas ou armas de fogo nas suas lutas. Os Estados Unidos e a União Soviética respeitaram certas regras de prudência, como a não utilização (explosão) de armas nucleares, a não utilização de força directa contra o exército adversário e o não exercício de acções militares directas contra os interesses fundamentais do outro país, de modo a evitar o confronto de poder mais oneroso de todos, uma guerra termonuclear.[36]

O que motiva os litigantes a coibirem-se de exercer o seu poder na totalidade? É quase sempre o medo de que o outro lado recorra a tácticas semelhantes e que ambos acabem por sofrer perdas pesadas. Uma regra de prudência simples consiste em manter-se afastado da outra parte se o contacto puder provocar um conflito. É por isso que grupos tão vastos como os países e tão pequenos como os gangues juvenis concordam em manter fronteiras e "zonas-tampão".

PRINCÍPIO 4:
INCLUIR CONSULTAS PRÉVIAS E *FEEDBACK* POSTERIOR

Um quarto princípio conceptual consiste em impedir conflitos desnecessários e evitar conflitos posteriores. Este objectivo pode atingir-se por meio de notificações e consultas e através de análise e *feedback* pós-conflito.

Notificação e consulta. Em Caney Creek, aconselhámos a direcção a notificar e conferenciar com o sindicato antes de tomar qualquer atitude que afectasse os trabalhadores. A notificação refere-se simplesmente a anunciar antecipadamente a acção planeada. A consulta vai mais além e proporciona a oportunidade de discutir a acção proposta antes de a realizar. A notificação e consulta podem impedir conflitos resultantes de meros equívocos. Podem, igualmente, reduzir a zanga e a oposição natural que ocorre muitas vezes quando as decisões são tomadas unilateral e abruptamente. Por fim, permitem identificar precocemente pontos de divergência, os quais podem assim ser renegociados.

Análise e feedback *pós-conflito.* Outro objectivo consiste em ajudar as partes a aprender com os seus conflitos, a fim de impedir a futura ocorrência de conflitos semelhantes. Alguns são sintomáticos de um problema mais vasto, que os litigantes ou as suas organizações precisam de compreender e de aprender a lidar. Um especialista em concepção criterioso introduz no sistema procedimentos de análise e *feedback* pós-conflito. Em algumas indústrias transformadoras, advogados e directores analisam regularmente as queixas dos consumidores, a fim de definir as alterações no produto susceptíveis de reduzir a eventualidade de futuras queixas. No Massachusetts Institute of Technology, os provedores identificam as práticas universitárias que provocam conflitos e sugerem alterações às mesmas. [37]

Quando está em jogo, um interesse comunitário mais abrangente, o especialista em concepção pode incluir um tipo de *feedback* diferente: elaborar um ficheiro de queixas e tomar medidas para proteger a comunidade. Por exemplo, algumas agências de mediação mantêm registos das reclamações contra cada comerciante, alertando as autoridades competentes em caso de reiteração.[38]

Criar um fórum. Uma maneira de institucionalizar as consultas e o *feedback* pós-conflito é criar um fórum habitual de discussão.[39] As partes podem beneficiar de encontros regulares para discutir questões que surgem num conflito, mas cujas causas e implicações o ultrapassam amplamente. Neste sentido, restabelecemos em Caney Creek as reuniões mensais da comissão de comunicação. Quando a Pacific Bell atravessou a difícil transição de desregulamentação, a empresa e o sindicato formaram "fóruns de interesse comum" para discutir maneiras de trabalhar em conjunto e de impedir conflitos inúteis.[40]

PRINCÍPIO 5:
ORDENAR OS PROCEDIMENTOS POR ORDEM CRESCENTE DE CUSTOS

Os princípios conceptuais acima referidos sugerem a criação de uma sequência processual, partindo da negociação com base nos interesses, passando pela criação de vias de retorno à negociação e terminando na salvaguarda, a custos reduzidos, de direitos e de poder. A sequência pode ser imaginada como uma série de degraus numa "escada de resolução de conflitos". Segue-se o menu dos procedimentos a utilizar na concepção desta sequência:

Procedimentos preventivos
    Notificação e consulta
    Análise e *feedback* pós-conflito
    Fórum

Procedimentos baseados nos interesses
    Negociação
        Tratamento oral rápido dos conflitos
        Múltiplos pontos de entrada
        Procedimento de negociação organizado
        Negociação faseada
    Mediação
        Mediação por pares
        Mediação por peritos

Procedimentos de retorno
   Direitos
      Procedimentos informativos
      Arbitragem consultiva
      Mini-trial
      Julgamento sumário com jurados
   Poder
      Períodos de reflexão
      Intervenção de terceiros

Procedimentos de reserva
   Direitos
      Arbitragem convencional
      Arbitragem expedita
      Med-arb
      Arbitragem de "proposta final"
   Poder
      Votação
      Greves parciais
      Greves simbólicas
      Regras de prudência

Ao criar uma sequência, o especialista em concepção pode começar por uma negociação baseada nos interesses, passar para a mediação baseada nos interesses e avançar para um procedimento de custo reduzido baseado nos direitos. A sequência utilizada no consórcio das companhias petrolíferas descrito no início deste capítulo contém três passos sucessivos: primeiro, tentar identificar os conflitos nascentes, resolvendo-os na comissão paritária; se essa tentativa falhar, convidar dois dirigentes de topo não envolvidos na questão para negociar; e, se falhar novamente, recorrer à arbitragem de custo reduzido em lugar de uma litigância dispendiosa.

O princípio sequencial sugere o preenchimento de potenciais "lacunas" do sistema. Se as partes passarem directamente da negociação para o tribunal, o especialista em concepção deverá considerar a introdução de passos intermédios, como a mediação, a arbitragem consultiva e a arbitragem. No entanto, ao adicionar estes passos, é importante reflectir sobre o provável impacto dos novos procedimentos nos que já se encontram em vigor. A adição de um procedimento pode levar os litigantes a considerar os passos iniciais como um pró-forma. O atractivo e a acessibilidade da mediação podem também levar os litigantes a negociar menos. Disponibilizar muitos procedimentos sequencialmente, sendo cada um ligeiramente mais dispendioso que o precedente, pode ter o efeito paradoxal de encorajar a escalada. Quanto mais próximos são os degraus da escada mais fácil é subi-la. Este paradoxo da concepção de sistemas de resolução de conflitos não deverá impedir o especialista em concepção de elaborar sequências progressivas, mas deverá alertá-lo para possíveis consequências imprevistas.

PRINCÍPIO 6:
PROVIDENCIAR A MOTIVAÇÃO, AS COMPETÊNCIAS E OS RECURSOS NECESSÁRIOS

Há um derradeiro princípio que é transversal a todos os outros: garantir o funcionamento dos procedimentos através de uma motivação apropriada para a sua utilização, bem como das competências relevantes e dos recursos necessários. Ao conceber um sistema para, por exemplo, lidar com conflitos sobre a localização de estações de tratamento de resíduos perigosos, conforme descrevemos no princípio deste capítulo, uma lei estadual impõe a negociação obrigatória e disponibiliza recursos, sob a forma de assistência técnica, a fim de coadjuvar o procedimento negocial. Sem a motivação, competência e recursos necessários, os procedimentos podem realmente falhar.

CONCLUSÃO

Neste capítulo, desenvolvemos seis princípios de concepção de sistemas de resolução de conflitos. O primeiro é o principal: colocar o acento tónico nos interesses. O segundo consiste em criar procedimentos baseados nos direitos e no poder que permitam o regresso à negociação. O terceiro consiste em estabelecer procedimentos de custo reduzido baseados nos direitos e no poder. Assim, o segundo e terceiro princípios complementam o primeiro. O quarto princípio conceptual é integrar consultas antes que os conflitos surjam e *feedback* após a sua resolução. O quinto princípio é ordenar os procedimentos por ordem crescente de custos. E o último princípio consiste em providenciar a motivação, as competências e os recursos necessários para que todos estes procedimentos funcionem. Em conjunto, estes seis princípios conceptuais constituem um método prático de reduzir os custos e obter as potenciais vantagens do conflito.

Redigimos este capítulo como se o especialista em concepção fosse o médico e os litigantes doentes passivos. Na verdade, as partes são - e devem ser - participantes activos em todas as fases do procedimento. No próximo capítulo, abordamos o relacionamento entre o especialista e as partes.

CAPÍTULO 4

Um Sistema Funcional

ENVOLVER AS PARTES LITIGANTES

Por mais engenhoso que seja o diagnóstico e inventiva a concepção, é extremamente difícil alterar um sistema de resolução de conflitos sem trabalhar em estreita ligação com as partes litigantes. O especialista em concepção necessita da informação que estas lhe facultam para adaptar as suas ideias gerais à situação específica. Além do mais, é improvável que qualquer alteração seja bem aceite sem o apoio activo das partes. O processo de concepção é tanto uma tarefa política, de angariar apoios e vencer resistências, quanto uma tarefa técnica. Iremos debater a forma de trabalhar com as partes em quatro fases cronológicas: arranque; diagnóstico e concepção; implementação das alterações; e conclusão, avaliação e divulgação.

ARRANQUE

A oportunidade de conceber um sistema de resolução de conflitos ocorre quase sempre numa de três circunstâncias: surgiu uma situação de crise, um dos membros da organização teve uma "ideia melhor" ou está em curso uma reestruturação na organização.

UMA SITUAÇÃO DE CRISE

Muitos nem pensam em alterar o seu sistema de resolução de conflitos até este atingir um estado de deterioração agudo – os conflitos custam muito tempo e dinheiro, os desfechos são insatisfatórios, as relações são tensas e a taxa de recorrência elevada. Mesmo numa situação de crise, quando as partes solicitam a intervenção de um especialista externo raramente é para reformular o sistema, mas antes para fazer algo bem mais simples, como instituir um programa de formação, fazer recomendações ou resolver um conflito específico. Muitas vezes, a oportunidade de alterar o sistema surge apenas depois de este ter conquistado a credibilidade e a confiança das partes. Segundo um especialista:

> Estou convencido de que poucos são chamados para reformar as instituições. Costumam ser chamados para resolver um problema específico. Existe sempre alguém na direcção que não vê necessidade ou não quer mudar a instituição. Gostam de manter o *statu quo*, podem ter receio de não se adaptarem à mudança, de serem prejudicados por ela ou de perderem o controlo. Preferem manter tudo como está.[1]

O hipotético especialista em concepção serve-se da insatisfação das partes para introduzir a ideia de reformulação do sistema. Foi o que aconteceu na controvérsia entre a IBM e a Fujitsu. Foram chamados árbitros para decidir um elevado número de conflitos decorrentes da utilização, alegadamente ilegal, do *software* da IBM pela Fujitsu. Todavia, rapidamente compreenderam que, fosse qual fosse a sua decisão, os conflitos continuariam. Ao trabalhar com as partes, conseguiram conceber um sistema de resolução de conflitos.

UMA IDEIA MELHOR

Nem todas as alterações ocorrem durante uma crise; algumas são inovadoras. Por vezes, o poder de uma ideia criativa é suficiente para impelir a mudança. Devido à resistência natural em recorrer a alguém externo à organização, essa alteração é geralmente liderada por membros da organização. Líderes religiosos e administradores escolares introduziram processos de mediação nas suas instituições. Os juízes foram influentes no desenvolvimento e promoção de arbitragens judiciais, mediação e alterações semelhantes no sistema judiciário.[2] A mediação laboral foi eficazmente introduzida por responsáveis de associações patronais e sindicais, porque a consideraram uma forma mais adequada de resolver conflitos.

UM SISTEMA NOVO

A altura ideal para conceber um sistema de resolução de conflitos é no início de um relacionamento, antes de surgirem litígios. As partes terão mais facilidade em acordar procedimentos antes de se enredarem em conflitos cujos desfechos podem depender desses procedimentos. No início, o técnico de concepção também não terá de enfrentar a oposição daqueles que defendem o sistema actual. Mas, mesmo assim, existem barreiras psicológicas à concepção de um sistema de resolução de conflitos:

> Muitos consideram psicologicamente difícil pensar em hipotéticos conflitos ao iniciarem o que antevêem ser um relacionamento harmonioso. Por exemplo, embora seja provável que um terço dos casamentos termine em divórcio, há poucos casais (mesmo os que contraem matrimónio pela segunda vez) que redijam acordos pré-nupciais especificando a forma de resolução dos conflitos entre eles. Também no contexto empresarial, as partes contratantes têm frequentemente relutância em criar um potencial litígio sobre os termos de uma cláusula de resolução de conflitos que visa alcançar os benefícios incertos de resolver com eficácia os conflitos que possam vir a surgir. Outro senão, quando se prevê a eventualidade de futuros conflitos, é o facto dessa atitude poder ser encarada como um indicador de falta de compromisso na relação.[3]

Todavia, algumas partes antevêem a probabilidade de ocorrência de conflitos e desenvolvem meios de lidar com eles antes que surjam. Praticamente todos os contratos de negociação colectiva incluem processos de resolução dos conflitos emergentes dos mesmos. Inúmeros contratos de consórcio contêm também cláusulas de resolução de conflitos cuidadosamente redigidas.[4] Por sua vez, os países tomam igualmente providências sobre a resolução de conflitos. Por exemplo, o tratado SALT I entre os Estados Unidos e a União Soviética estipulava a constituição de uma Comissão Consultiva Permanente que procurava resolver diferendos sobre presumíveis violações do tratado.[5]

Para o especialista em concepção, a lição é evidente: quando as partes iniciam uma relação na qual se antevêem conflitos, o técnico deve exortá-las a conceber um sistema de resolução de custo reduzido, *antes* que surjam conflitos e não depois.

CONQUISTAR A ACEITAÇÃO

Seja qual for o tipo de envolvimento do especialista em concepção – crise, ideia melhor ou novo sistema – o seu primeiro problema é ser aceite por todos os intervenientes. Nos casos em que já exista uma ligação com uma das partes, pode haver receio de parcialidade. Nessa situação, o especialista tem de agir de modo a contrariar esse receio, conquistando a confiança da parte contrária. Se for externo à organização, convidado por uma das partes, poderá solicitar à outra parte que pondere um convite conjunto. O contacto quase em simultâneo com todas as partes é por vezes determinante, porque se uma das partes envolvida numa situação conflituosa pensar que o técnico se aproximou mais da parte contrária, a credibilidade deste pode ficar comprometida.

Desde o primeiro contacto com as partes, o especialista em concepção deve ser particularmente sensível, tal como o seria um mediador, a intenções ocultas e a conflitos entre as partes e no seio das mesmas. Em Caney Creek, por exemplo, descobrimos que tínhamos sido convidados por uma facção da direcção que contava que apoiássemos os seus pontos de vista e os ajudássemos a triunfar contra uma facção oposta no debate interno sobre a forma como lidar com o conflito.

O especialista em concepção convidado tem mais facilidade em ser aceite do que aquele que é imposto ou toma a iniciativa, mas um convite não representa uma garantia de aceitação. Os convites de líderes de ambos os lados podem suscitar apenas uma participação simbólica por parte dos membros ou dos colaboradores. Em Caney Creek, embora tivéssemos sido convidados por dirigentes sindicais e patronais, não tardámos a descobrir que tínhamos sido impostos aos representantes locais. Mais tarde, compreendemos que conquistar a aceitação dos responsáveis sindicais locais não era o mesmo que conquistar a aceitação dos trabalhadores sindicalizados.

ENVOLVER AS PARTES NO DIAGNÓSTICO E NA CONCEPÇÃO

Para obter informação e apoio de todas as partes, o técnico de concepção deve envolvê-las, desde o início, no processo de diagnóstico e concepção. Caso contrário, é menos provável que aprovem o produto, ou seja, o resultado final, ainda que, em termos objectivos, este seja bom.

Existem diversas abordagens ao envolvimento das partes no diagnóstico e na concepção: constituir uma comissão de planeamento, participar na mediação alternada e persuadir os decisores principais ou os líderes de opinião.[6]

CRIAR UMA COMISSÃO DE PLANEAMENTO

Após a identificação de todas as partes relevantes, o especialista em concepção pode convidá-las a escolher representantes para uma comissão que ajude a diagnosticar e a conceber o sistema.

Esta comissão serve muitas vezes de ligação entre este e as partes envolvidas. Um especialista disse-nos o seguinte:

> Servimo-nos de pessoas que representem diversos grupos de interesses para nos ajudarem a conceber um processo, darem-nos *feedback*, manterem-nos no bom caminho e servirem de ponte entre nós e os litigantes. A comissão de planeamento negoceia o procedimento e então já não é o técnico que o vende, mas sim este grupo. Se alguém discorda, um dos membros da comissão do seu lado pode dizer: "Espera, foi por isto e isto que procedemos assim." Este processo cria um maior sentido de envolvimento no processo e um compromisso mais elevado de participação na resolução conjunta dos problemas.[7]

Nas palavras de outro especialista em concepção, cada membro da comissão de planeamento desempenha o papel de um "quase mediador" entre a facção que representa e a contrária.[8] Cada um consulta activamente os membros do seu grupo, a fim de garantir que as alterações processuais acordadas serão apoiadas pelos utilizadores finais.[9]

PARTICIPAR NUMA MEDIAÇÃO CONDUZIDA EM SESSÕES SEPARADAS

Quando a hostilidade e a desconfiança entre as partes ameaçam tornar infrutíferas as sessões conjuntas, a mediação em sessões separadas pode conduzir a resultados produtivos no sentido da cooperação respectiva. Neste processo, o especialista em concepção reúne-se alternadamente com cada uma das partes e vai apurando ideias sobre alterações do sistema de resolução de conflitos, até se obter um acordo ou o nível de hostilidade diminuir o suficiente para permitir que se realizem reuniões conjuntas. Utilizámos este processo em Caney Creek.

O procedimento de "texto único" promove a mediação conduzida em sessões separadas. Neste procedimento, o especialista em concepção elabora uma minuta única, contendo as suas próprias ideias e as sugeridas pelas partes. Em seguida, apresenta o esquema, não com o carácter de recomendações formais mas como ideias elementares seleccionadas a partir da sua experiência e das sugestões das partes. Nesta fase, ele não pede que aceitem ou rejeitem as ideias, mas apenas que as critiquem: De que modo é que estas ideias não resolvem o problema do elevado custo dos conflitos? O que dificulta a implementação dos procedimentos utilizados? Será possível aperfeiçoar as ideias apresentadas? O que falta ainda?[10]

Após auscultar as partes, o técnico de concepção edita e revê a minuta, tentando incorporar as alterações sugeridas por um dos lados sem tornar o sistema proposto prejudicial para o outro. Em seguida, volta a reunir com as partes, para colher novas críticas construtivas e não a aceitação ou a rejeição. Continua a trabalhar no programa de alterações e regressa para solicitar ainda mais comentários. Por último, talvez após três ou 23 rondas negociais, tem nas mãos um plano que é fruto de todos quantos o comentaram. Só nessa altura, após se ter esforçado por satisfazer todas as preocupações, é que apresenta o projecto para aprovação formal.

CENTRAR-SE NOS AGENTES PRINCIPAIS

Em algumas situações, o apoio de agentes influentes, que controlam o sistema, é ainda mais necessário do que o dos próprios litigantes. Um dos exemplos é o processo que conduziu à constituição do denominado tribunal multiportas do Distrito de Columbia.[11]

A iniciativa partiu de .... a fundadora e directora do *Citizens Complaint Center**. Apresentou a ideia ao Juiz Presidente da Divisão de Família do Supremo Tribunal porque constatou que envolver um juiz de reconhecido mérito era importante e pensou que implantar a noção de tribunal multiportas no contexto das relações familiares podia surtir efeitos importantes. Contudo, o Juiz Presidente da Divisão de Família entreviu a possibilidade de uma iniciativa mais multifacetada e apresentou-a

---

* N. T. Centro de Reclamações dos Cidadãos.

ao Presidente do Supremo Tribunal. Por sua vez, este convocou o Procurador do Distrito de Columbia, os bastonários da Ordem dos Advogados, grandes empresários e representantes do Conselho Municipal e da Procuradoria-Geral dos EUA a fim de que os principais agentes do sistema contribuíssem, desde o início, para esta ideia.[12]

A implementação da mediação na indústria carbonífera constitui outro exemplo da importância do envolvimento dos agentes principais. Começámos por garantir a aprovação tácita dos presidentes do sindicato e da associação patronal. Em seguida, negociámos com os presidentes sindicais distritais e com os directores das relações laborais das empresas. Também eles nos deram a sua aprovação tácita, mas disseram-nos que mesmo que o processo fosse adoptado, raramente seria utilizado, excepto se conseguíssemos convencer os representantes sindicais e os directores das relações laborais locais da sua importância. Em contrapartida, disseram-nos que, se os dirigentes sindicais e patronais locais apoiassem o processo, os litigantes individuais – mineiros e seus supervisores – iriam, pelo menos, experimentá-lo. Deste modo, esforçámo-nos por demonstrar a validade do procedimento aos dirigentes locais. Conforme prevíramos, nos casos em que houve uma forte adesão dos líderes locais, o processo arrancou sob bons augúrios; nos restantes raramente foi usado.

O especialista em concepção deve centrar-se nos agentes principais, nas esferas em que estes influenciam fortemente os procedimentos utilizados pelos litigantes. Mas mesmo nessas situações, poderá ser necessário questionar os potenciais utilizadores do sistema, de modo a compreender melhor o que poderá motivá-los a adoptar novos procedimentos.[13]

OS VÁRIOS "CHAPÉUS" DO ESPECIALISTA EM CONCEPÇÃO

Se o especialista em concepção pretender que as partes concordem em experimentar um novo sistema de resolução de conflitos, deve saber conjugar três facetas bastante distintas: perito, mediador e negociador. Porá o seu "chapéu de" perito para analisar o sistema actual e formular alternativas conceptuais prováveis, o de mediador quando trabalhar com os litigantes na construção de um sistema que satisfaça as suas preocupações e o de negociador ao propor--lhes as suas ideias para uma nova concepção. Um especialista descreveu a forma como mudou de "chapéu" ao conceber um sistema para um estabelecimento prisional:

> Negoceio com as partes para pôr em cima da mesa as nossas [da equipa de planeamento] ideias e estabelecermos um enquadramento. Em seguida, posso descontrair-me um pouco, mantendo a negociação apenas para impedir que desfaçam o plano ou cometam erros prejudiciais ao processo. Mas depois é preciso falar com o administrador para garantir que ele ou ela compreende o que foi feito e aceita. Caso contrário, trabalha-se durante dois ou três meses, entrega-se um "pacote maravilhoso" e o administrador diz "não posso fazer isso", e sou eu quem tem de levar a notícia. Assim, existe esta mediação entre a comissão de planeamento e o administrador além da negociação directa com os envolvidos.[14]

LIDAR COM A OPOSIÇÃO

Mesmo que todas as partes estejam comprometidas no processo de mudança, certos indivíduos ou grupos podem opor-se activamente aos novos procedimentos. Alguns podem senti-los como uma ameaça quando se trata de decisores ou advogados no sistema de resolução de conflitos existente. Outros podem estar convencidos de que têm "ganho" os conflitos com os procedimentos habituais e que qualquer alteração lhes será desfavorável.

Lidar com aqueles cuja função está ameaçada. Os agentes de liberdade condicional podem opor-se ao plano de enviar todos os delinquentes juvenis primários para um programa de serviço comunitário em vez de os submeterem a julgamento pelo tribunal, em parte porque reduzir o contingente de jovens sob supervisão pode diminuir o número de agentes de liberdade condicional necessários. Os árbitros em questões laborais podem opor-se à mediação dos conflitos de trabalho, porque isso pode reduzir o número de conflitos submetidos a arbitragem. Os advogados podem opor-se à arbitragem com patrocínio judicial, porque esta pode reduzir o número de julgamentos. Por vezes disfarçado, outras vezes evidente, o medo de perder o posto de trabalho pode ser um factor importante. A melhor forma de combater este receio consiste em mostrar aos opositores que têm também um papel a desempenhar no novo procedimento. Os advogados têm sido atraídos para o *mini-trial* e para o tribunal com intervenção de um júri, descrito no Capítulo 3, porque nestes processos desempenham a sua função tradicional de apresentar provas e argumentos a um decisor. Da mesma maneira, demonstrámos a árbitros laborais preocupados que o seu conhecimento e experiência em relações industriais e de interpretação de convenções colectivas de trabalho os tornam bem apetrechados para intervir num processo de mediação de conflitos laborais.

Por vezes, um procedimento novo irá inevitavelmente restringir a actuação de indivíduos ou de grupos que eram importantes em sistemas anteriores e para os quais não é possível instituir uma função equivalente no novo procedimento. Nestes casos, o técnico deve preparar as partes para contar com a sua oposição e trabalhar com os apoiantes da mudança ao planear a melhor forma de encará-la.

Lidar com aqueles em "situações de vantagem". Porque é que os professores hão-de participar na concepção de um processo que torna mais fácil para os alunos reclamar das notas? Porque é que uma agência governamental, que tem tido sucesso na defesa contra reclamações contenciosas, há-de participar na concepção de um processo de conciliação de interesses e não de determinação de direitos? É compreensível que as partes "vencedoras" do sistema actual não se voluntariem para o alterar.

O especialista em concepção tem diversas abordagens à sua disposição. Poderá frisar que, caso as partes que se julgam "vencedoras" não participem no processo de mudança, o novo sistema poderá ignorar os seus interesses. Poderá igualmente provar-lhes que, mesmo que "vençam" poucos conflitos no âmbito do novo sistema, poderão ficar em melhor situação graças à redução dos custos de transacção, à menor recorrência dos conflitos e à melhoria do relacionamento. Este é o grande argumento que apresentamos às empresas ou sindicatos que se opõem à mediação de conflitos laborais por terem ganho anteriormente a maioria das reclamações sujeitas à arbitragem. O especialista poderá apresentar o mesmo argumento ao presidente de uma indústria transformadora que vence a maioria das acções judiciais contra os seus distribuidores, mas que perde muitos deles em resultado do processo.

Se a oposição se basear em receios infundados ou exagerados, poderá ser atenuada mediante uma implementação experimental das alterações. É possível organizar uma demonstração num determinado local ou durante um período de tempo limitado. Incentivamos, por exemplo, as partes litigantes a experimentar a mediação de reivindicações laborais durante seis meses ou em dez reivindicações. A oposição baseada no medo do desconhecido costuma diminuir o suficiente para permitir um curto período experimental do procedimento.[15]

IMPLEMENTAÇÃO DAS ALTERAÇÕES

Há um longo caminho a percorrer entre a prancha de desenho e o estaleiro das obras. São inevitavelmente revelados novos interesses, à medida que as partes, embora tenham aprovado novos procedimentos, resistem à sua utilização. A relutância de algumas baseia-se no receio de não possuírem ou de não serem capazes de adquirir as competências necessárias. Certos pormenores da concepção que são impossíveis de especificar *a priori* podem gerar obstáculos com um impacto directo na eficácia das mudanças globais. É improvável que qualquer sistema funcione sem ajustes, a nível dos procedimentos, motivações, competências ou recursos.

Um especialista descreveu a situação inicial, quando tentou implementar um programa de mediação de conflitos interpessoais num bairro:

> Começámos por juntar um grupo de cerca de 25 pessoas para iniciar a primeira ronda de formação [em mediação]. Fizemos umas duas [sessões de mediação], não gostámos do que [os mediadores] fizeram, pedimos que aprofundassem a formação, voltámos a formá-los e assistimos a mais algumas [sessões]. Parecia que todos sabíamos que podíamos fazer melhor, por isso aprofundámos ainda mais a formação e fomos alterando o programa com base na experiência [de mediação]. Decorrido cerca de ano e meio, compreendemos que tínhamos chegado a algum lado.[16]

Implementar as alterações implica duas tarefas: motivar as partes para utilizar os novos procedimentos e ajudá-las a desenvolver as capacidades necessárias para o efeito.

MOTIVAR OS LITIGANTES A UTILIZAR NOVOS PROCEDIMENTOS

Grande parte do trabalho de diagnóstico e concepção consiste em tornar os novos procedimentos atractivos para os litigantes. Mesmo que os procedimentos pareçam convenientes no papel, os litigantes podem ter relutância em utilizá-los. O especialista em concepção poderá vencer esta relutância de diversas maneiras: demonstrando os procedimentos, servindo-se dos líderes como exemplo, utilizando os pares como proponentes, estabelecendo objectivos, criando incentivos e divulgando o sucesso inicial alcançado.

Demonstrar os procedimentos. Para vencer o eventual cepticismo dos utilizadores sobre um novo procedimento, o técnico de concepção pode incentivá-los a conversar com outros que estejam a utilizar um sistema semelhante. Melhor ainda, pode convidá-los a observar o processo ao vivo. Ou, se os que já conhecem o procedimento não estiverem disponíveis, os novos utilizadores podem simulá-lo. Depois de um *role-play*, um dos participantes afirmou:

> Sabe, acho que vou ser capaz de trabalhar com esta pessoa. Percebi que ela estava disposta a revelar informações e a considerar os meus interesses no *role-play*. Se estiver pronta a fazer o mesmo na vida real, temos possibilidades de trabalhar juntos.[17]

Servir-se dos líderes como exemplo. Os líderes podem igualmente desempenhar o papel de modelos para incentivar as partes a adoptarem a mudança. Em Caney Creek, recomendámos que o encarregado da mina passasse algum tempo no subsolo com os mineiros, a conversar com eles e a escutar as suas queixas. Pretendíamos assim construir um modelo para os encarregados. Se eles vissem o chefe envolvido em negociações, poderiam ser tentados a fazer o mesmo. Ao abordar as reclamações, o líder envia um forte sinal aos outros membros da organização sobre o modo adequado e benéfico de resolver conflitos.

Utilizar os pares como proponentes. Quem participou na concepção ou utilização de um novo processo consegue geralmente convencer outros a usá-lo. Um especialista em concepção que trabalhava numa prisão pediu aos membros da comissão de planeamento que explicassem os novos procedimentos aos reclusos. Segundo afirmou: "Quando um representante dos reclusos, que estes reconheçam e respeitem, conversa com eles sobre um procedimento que ajudou a construir, os outros pensam que talvez valha a pena tentar."[18] O mesmo acontece com os alunos formados como mediadores em conflitos escolares que incitam os seus amigos a tentar a mediação e os advogados formados como mediadores familiares que encorajam os seus clientes a ponderar este sistema.[19]

Estabelecer objectivos. Uma das técnicas de motivação mais eficazes consiste em levar as partes a estabelecer objectivos ambiciosos específicos.[20] Na International Harvester, o objectivo era simples: resolver todas as reclamações, oralmente, no próprio dia. Anteriormente, tinha sido difícil fazer valer máximas do tipo "resolver as reclamações o mais depressa possível" por serem vagas. Não existia nenhum marco explícito para medir o progresso. Todavia, com a ajuda de um objectivo claro os resultados foram espectaculares e praticamente todas as reclamações passaram a ser resolvidas dessa forma.[21]

Criar incentivos. Para garantir a utilização dos novos processos, o técnico de concepção pode atribuir recompensas especiais. Pode, por exemplo, tentar que a resolução de conflitos faça parte da avaliação do desempenho dos dirigentes ou fazer com que a aquisição de competências na área da resolução de conflitos faça parte dos planos anuais de carreira dos mesmos.

Divulgar os sucessos iniciais. Divulgar os sucessos iniciais do novo sistema de resolução de conflitos promove o processo de mudança. Na International Harvester, por exemplo, foi dada grande publicidade às histórias de sucesso:

> Certos gestos protocolares ajudam as pessoas a identificar-se com o novo programa. Os colaboradores superiores elogiaram os colaboradores locais pelo seu trabalho árduo e pela diligência posta na mudança. Criou-se igualmente um impulso ao falar sobre o sucesso que o programa estava a alcançar noutras situações. Por fim, tiraram-se fotografias e os comentários das pessoas foram impressos na revista da empresa. Todos estes expedientes criaram uma aura agradável sobre o *new look*.[22]

A presença do especialista em concepção. Não se deve descurar o impacto da presença do especialista em concepção durante a implementação do processo. Pode ser um sinal para todos os envolvidos de que está a decorrer uma profunda alteração. O especialista desempenha o papel de símbolo e guardião das novas normas processuais. Sem ele, é muito fácil cair nas velhas rotinas, nomeadamente sob a pressão de crises imediatas e de conflitos enraizados. O técnico que está presente lembra às partes que devem utilizar, sempre que possível, procedimentos económicos baseados nos interesses.

FORMAR E ACOMPANHAR OS LITIGANTES

Uma das tarefas mais importantes do especialista em concepção na fase de implementação consiste em ajudar os litigantes a adquirirem competências que lhes permitam utilizar os novos procedimentos com eficácia. Estes serão quase sempre baseados nos interesses, implicando normalmente formação e acompanhamento em técnicas de negociação e mediação.

Formação. Os programas de formação eficazes conjugam a apresentação, a demonstração e a discussão de técnicas adequadas com *role-plays* e *feedback*.[23] É importante formar os intervenientes em conjunto, porque lhes permite adoptar uma terminologia comum para debater abordagens alternativas à resolução de conflitos, induz expectativas partilhadas sobre o comportamento adequado em negociações baseadas nos interesses e cria um ambiente seguro para experimentar os novos procedimentos. Permite, ainda, uma definição conjunta de objectivos para a respectiva utilização.

Cabe ao especialista decidir quem são os destinatários, bem como o programa e a duração da formação. Formar um grande número de potenciais litigantes pode ser útil, mesmo que a formação seja de curta duração. No projecto de mediação da Escola Secundária Bryant, mais de três mil alunos assistiram a seminários sobre mediação e resolução não violenta de problemas. Deste modo, quando um conflito eclodia, encontravam-se quase sempre presentes vários alunos que sabiam utilizar uma abordagem adequada para o resolver.[24] Mesmo algumas partes que pareciam não possuir qualidades pessoais para a negociação baseada nos interesses podiam beneficiar da formação. Vejamos a história de "Heavy" contada por um especialista em concepção:

> O primeiro estabelecimento prisional em que trabalhámos em Nova Iorque era de segurança máxima, com cerca de dois mil reclusos. E um dos homens da comissão de planeamento, que depois se tornou membro da mesma, era um tipo chamado Heavy. Não me lembro do seu nome próprio, mas chamavam-lhe Heavy porque ele sentava-se e não dizia nada. Não sei se era inteligente, era apenas um grandalhão que fervia em pouca água, como pudemos observar, e que era muito rápido com os punhos quando era mais novo. Quando implantámos o processo, Heavy recebeu formação. Pouco tempo depois, um dos responsáveis pelo atendimento das reclamações disse: "Nem queria acreditar. Ontem, o Heavy teve uma discussão e eu julguei que ele ia acabar com o outro, mas o Heavy apenas continuou a conversar com ele!" Não sei em que medida este comportamento pode ser devido à formação, mas o nosso interlocutor atribuiu a totalidade ao facto de o Heavy ter aprendido que não precisava de agredir as pessoas, mas que podia conversar com elas e obter alguma coisa com o diálogo.[25]

O especialista em concepção deverá igualmente assegurar a continuidade, ao estabelecer um programa permanente de divulgação e formação em mediação e resolução não violenta de conflitos para participarem nos novos procedimentos. Ambos os programas, de mediação escolar e de conflitos de vizinhança mantiveram-se e foram bem sucedidos, apesar da rotatividade dos mediadores. Conseguiram-no começando por formar periodicamente um número elevado de mediadores, de modo a que os recém-formados pudessem trabalhar lado a lado com mediadores mais experientes.

Acompanhamento[*]. O ideal seria que o especialista em concepção procedesse ao acompanhamento dos litigantes habilitando-os a

---

[*] N. T. No original, *coaching*.

identificar interesses, criar opções e ponderar soluções de compromisso. Após as negociações, o especialista pode dar-lhes *feedback* sobre o modo como avalia as suas aptidões. Este acompanhamento pode ser feito pessoalmente ou pelo telefone.[26] Contudo, comporta dois riscos: criar uma aparência de parcialidade e cair na tentação de fazer uma mediação. Estes riscos podem ser minimizados se o especialista em concepção disponibilizar os seus serviços a todos os intervenientes e se abstenha de dar aconselhamento sobre os aspectos substantivos do conflito.

SAÍDA, AVALIAÇÃO E DIVULGAÇÃO

SAÍDA

As partes podem ficar dependentes do especialista em concepção, em termos de acompanhamento, motivação para utilizarem os novos procedimentos e ajustamentos no modelo. O especialista presta um apoio temporário à construção do sistema; no entanto, a partir de dada altura a nova estrutura deve tornar-se auto-suficiente. Assim, o especialista deve ponderar os benefícios de gerir a implementação contra os riscos de manter a dependência das partes. Em Caney Creek, Ury tinha por vezes dificuldade em lembrar-se de que não estava ali para mediar mas para ajudar as partes a implementarem um novo sistema de resolução de conflitos. A solução está em dar uma oportunidade à mudança. Isso significa prestar ajuda às partes de vez em quando, mas, na maioria dos casos, deixá-las cometer erros e aprender através da sua própria experiência.

AVALIAÇÃO

A avaliação tem por objectivo determinar se as alterações produziram os efeitos pretendidos.[27] Reduziram-se os custos dos conflitos? Registam-se benefícios efectivos? Existem consequências imprevistas? A avaliação ajuda o especialista em concepção a aperfeiçoar as mudanças, permitindo-lhe aprender ao máximo com as experiências iniciais.

A avaliação centra-se em três questões:

1. *O novo sistema funciona?* O custo dos acordos é inferior? As partes estão mais satisfeitas com os resultados? A qualidade do relacionamento melhorou? A recorrência dos conflitos diminuiu? Por outras palavras, quais foram as alterações introduzidas pelo novo sistema? O avaliador também avalia os efeitos colaterais negativos da intervenção, quer os previsíveis, quer os imprevisíveis.

2. *O que condiciona a eficácia das alterações?* Por outras palavras, em que condições específicas funcionam as alterações? Por exemplo, ao conceber um programa, assumimos que mesmo os mediadores experientes necessitariam de possuir uma experiência substancial em arbitragem para serem bem-sucedidos. Todavia, a avaliação revelou que os mediadores com pouca prática em arbitragem obtinham tanto sucesso como os árbitros experientes.

3. *Porque funcionam as mudanças?* Quais os factores principais que contribuem para o sucesso? O novo sistema pode, eventualmente, ser bem sucedido por razões totalmente diferentes das que o especialista em concepção imaginou. Estas surpresas ajudam-no a rever a sua teoria de trabalho e a melhorar o seu desempenho. Ao avaliarmos o nosso programa de mediação, verificámos, inesperadamente, que a redução dos custos era mais relevante para os sindicatos, ao passo que uma melhoria perceptível no relacionamento das partes era mais importante para os empregadores. Perante este facto, reforçámos, para divulgar a mediação, a segunda componente junto dos sindicatos e a primeira junto dos empregadores.

Quem deve fazer a avaliação? A avaliação deve decorrer enquanto o programa se encontra em curso. Embora o especialista em concepção esteja familiarizado com o projecto e saiba melhor do que ninguém o que pretende alcançar, a sua visão sobre as tentativas de aperfeiçoamento pode não ser imparcial. Contratar um avaliador externo reduz este risco embora possa aumentar substancialmente os custos, dado que o mesmo terá de duplicar muitos dos diagnósticos efectuados pelo especialista.

Quer a avaliação seja efectuada pelo especialista em concepção quer por um perito externo, as partes devem participar activamente, pois são elas quem melhor consegue identificar as consequências negativas e positivas das alterações. Esta participação irá igualmente promover a sua capacidade de auto-avaliação e permitir-lhes detectar os problemas precocemente. Se as partes aprenderem a reconhecer as falhas dos procedimentos, serão capazes de continuar a aperfeiçoar o sistema, acabando por tornar o especialista dispensável.

Qual o grau de pormenor da avaliação? A avaliação custa tempo e dinheiro mas se o especialista em concepção pretender tornar o programa extensivo a outras áreas, constatará que uma avaliação fundamentada é valiosa para responder aos cépticos dessas áreas. Estes dados foram cruciais para os nossos esforços de disseminar a mediação de reivindicações contratuais. Poderíamos falar horas a fio sobre o valor da mediação na resolução de conflitos, mas não há nada mais convincente do que conseguir resolver, por essa via, 850 dos primeiros mil casos.

DIVULGAÇÃO (UM PASSO FACULTATIVO)

A reprodução é a forma mais comum de divulgação, ou seja, a transferência de um procedimento de um local para outro.[28] Este método é essencialmente horizontal, transversal às grandes linhas organizacionais. Utilizámos esta estratégia na divulgação da mediação de conflitos laborais. Goldberg apresentou inúmeras exposições sobre mediação em conferências, escreveu artigos para *newsletters* institucionais e realizou inúmeras reuniões presenciais a fim de explicar o processo a sindicatos e empresas. Uma iniciativa mais simples e menos morosa consiste em expandir a alteração verticalmente, dentro da organização ou indústria. Uma decisão tomada ao nível da administração pode difundir os novos processos desde uma única fábrica até toda a empresa. Uma convenção colectiva de trabalho acordada com vários empregadores pode expandir as alterações de uma única empresa a toda a indústria.

O Governo também pode tomar medidas que promovam a divulgação. Para incentivar a utilização da arbitragem judicial, alguns Estados adoptaram leis que autorizam programas de arbitragem e o Congresso norte-americano afectou fundos a programas-piloto em tribunais federais. O Congresso recomendou igualmente aos Estados a instituição de um programa de provedores para cidadãos seniores residentes em instituições de cuidados continuados.[29]

Seja qual for a forma de divulgação, o especialista em concepção deve ponderar sempre se um procedimento concebido para determinada relação, comunidade ou instituição pode ser transferido com sucesso para um novo local. Um procedimento que funciona em determinada área pode não funcionar noutra, salvo se for apoiado por motivações, competências e recursos semelhantes aos existentes no local original. Além disso, as condições ambientais gerais podem diferir: um procedimento que funciona numa cultura pode não funcionar noutra. Os procedimentos baseados nos direitos podem ter menos êxito numa cultura que premeia o compromisso, ao passo que os processos baseados nos interesses podem ter menos êxito numa cultura com forte orientação para o certo e o errado.

CONCLUSÃO

Ao trabalhar com as partes, o especialista em concepção de sistemas de resolução de conflitos desempenha o papel de *coach*, avaliador e divulgador, além de perito, mediador e negociador. Intervém como perito ao analisar o sistema actual e considerar alternativas potenciais. No papel de mediador, tenta chegar a acordo quanto às alterações do sistema e, ao fazê-lo, negoceia igualmente com as partes a adopção das alterações que lhe parecem válidas. Ao ajudar as partes a utilizar o novo sistema, transforma-se num *coach* que se esforça por desenvolver as suas capacidades e sustentar o seu entusiasmo quando não é possível obter um acordo. Pode igualmente avaliar o sistema, ajudando as partes a determinar o seu funcionamento e os ajustamentos que se impõem. Se assumir a divulgação, o especialista desempenha, ainda, outro papel, o de divulgador. No *case study* que se segue, desempenhámos todos estes papéis.

PARTE DOIS

CONSTRUÇÃO DOS SISTEMAS DE RESOLUÇÃO DE CONFLITOS

CASOS DA INDÚSTRIA DO CARVÃO

Nos próximos três capítulos descrevemos as experiências na indústria do carvão que constituíram a base do nosso modelo de concepção dos sistemas de resolução de conflitos. O Capítulo 5 relata o diagnóstico das greves selvagens que flagelaram a indústria do carvão na década de 70. No Capítulo 6, analisamos a nossa intervenção na mina de Caney Creek, assolada por greves, onde actuámos pela primeira vez como especialistas em concepção de sistemas, desenvolvendo um diagnóstico da situação, desenhando um sistema mais económico e ajudando as partes a implementar as alterações acordadas. No Capítulo 7, regressamos ao nível industrial, descrevendo os nossos esforços de mediação de litígios laborais na indústria carbonífera e noutras áreas, através da concepção e implementação de processos baseados nos interesses.

É importante recordar a quem lê estes capítulos que, ao efectuarmos o trabalho descrito, fomos aprendendo ao longo do processo. Assim, o leitor reparará (tal como nós) numa série de circunstâncias em que a nossa análise posterior é consideravelmente melhor do que o nosso prognóstico. Não nos esforçámos por reescrever a história, de modo a parecermos mais sabedores do que na verdade éramos. Estamos convencidos de que é mais útil para o leitor aprender com os nossos erros, tal como nós fizemos. Assim, incitamos o leitor a perguntar com frequência: Porque procederam assim? Que resultados pretendiam alcançar? Haverá uma maneira melhor de os atingir?

CAPÍTULO 5

Diagnóstico dos Problemas de uma Indústria

GREVES SELVAGENS NAS MINAS DE CARVÃO

Em Novembro de 1973, a Mina Red Arrow encerrou devido a uma greve selvagem, a sexta em outros tantos meses.[1] Embora a causa da greve não fosse clara, os mineiros tinham vindo a queixar-se da falta de água quente no balneário onde tomavam duche depois do trabalho. A reacção do encarregado da mina foi imediata. Despediu o mineiro suspeito de instigar a greve e notificou o sindicato de que as discussões sobre água quente no balneário ficavam suspensas até terminar a greve. Os mineiros responderam que não voltariam ao trabalho até que o mineiro despedido fosse readmitido. Para reforçar ainda mais a sua posição, enviaram piquetes para encerrar outras minas que pertenciam à mesma empresa.[2] A greve e os piquetes mantiveram-se por mais três dias, até que a empresa convenceu um juiz federal a obrigar os mineiros a regressar ao trabalho.[3] Os mineiros obedeceram com relutância. Seis meses mais tarde, um árbitro indeferiu a reclamação do mineiro despedido, que pedia a readmissão, e os mineiros regressaram à greve, em sinal de protesto.

Embora Red Arrow seja uma mina fictícia, esta sequência de acontecimentos – queixa, negociação infrutífera, greve, despedimento, piquetes, ordem do tribunal para regresso ao trabalho, decisão arbitral desfavorável ao mineiro, nova greve – desenrolou-se sucessivamente em todas as bacias carboníferas no início e meados da década de 70. No período compreendido entre 1971 e 1974, registou-se uma média de 1,500 greves por ano. Esta taxa duplicou entre 1975 e 1977, ultrapassando as três mil greves anuais.[4] Ninguém sabia como agir nesta situação. De facto, ninguém parecia compreender que os mineiros recorriam à greve quando confrontados com um litígio laboral que culminava em arbitragem. Neste capítulo, descrevemos a nossa investigação sobre greves selvagens, que foi, afinal, o primeiro passo da nossa carreira como especialistas em concepção de sistemas de resolução de conflitos. As conclusões do estudo sobre as greves selvagens serviram de base para muitas das nossas recomendações em Caney Creek, bem como para a introdução da mediação na indústria do carvão.

Todavia, quando começámos, não tínhamos consciência de estar a intervir como especialistas em concepção. O nosso objectivo era a investigação e o nosso estudo visava analisar causas, não avaliar potenciais soluções. Pretendíamos fazer o que fizéramos no nosso trabalho anterior, ou seja, levar a cabo uma investigação empírica que conduzisse a recomendações sobre a interpretação dos factos destinadas aos profissionais da área.[5] Não tencionávamos utilizar as nossas conclusões para advogar uma alteração das práticas dos parceiros sociais na indústria carbonífera.

PRINCÍPIO – NEGOCIAR FUNDOS E ACESSO

Começámos a trabalhar nos problemas de acesso a dados e a fundos numa série de deslocações a Washington D.C. na Primavera de 1976. Encontrámo-nos primeiro com Arnold Miller, presidente do sindicato United Mine Workers of America (UMWA), e com Joseph P. Brennan, presidente da Bituminous Coal Operator's Association (BCOA, a associação patronal com a qual o sindicato negoceia as convenções colectivas de trabalho).[6]

Pretendíamos que Brennan nos fornecesse dados dos ficheiros da associação sobre greves selvagens na indústria e uma declaração de apoio ao nosso estudo, para nos ajudar a obter fundos. Ele concordou com ambos os pedidos. A nossa reunião com Arnold Miller foi igualmente cordial. Preocupava-nos que ele pudesse pensar que o estudo iria interferir com a forma como os mineiros utilizavam a greve selvagem nas suas relações com os empregadores. Decidimos confrontar abertamente a sua eventual oposição. Dissemos-lhe que a nossa investigação tencionava identificar as condições que provocam greves selvagens e que, se fosse possível eliminar essas condições, a necessidade de recorrer à greve poderia diminuir. Miller aceitou esta explicação e escreveu uma carta de apoio, que podíamos usar para obter um financiamento e tentar persuadir os dirigentes sindicais locais a participar.

As nossas negociações com agências financiadoras não tiveram, de modo algum, tanto êxito. Apesar da crise energética do princípio dos anos 70 e da política energética federal para intensificar a utilização do carvão, nenhuma das várias agências envolvidas na implementação desta política se mostrou disponível para financiar a nossa investigação sobre greves selvagens. Recebemos apoio financeiro da National Science Foundation.

DIAGNÓSTICO

Sabíamos que os mineiros de muitos países eram propensos à greve[7] e que existia, há muito, no UMWA uma tradição de greves selvagens. No entanto, ficámos perplexos com as causas da actual onda de greves. Afinal, o contrato dos mineiros previa a arbitragem final e vinculativa que visava eliminar a necessidade de recorrer à greve.

ANTECEDENTES DO CONFLITO

Uma das explicações para a elevada taxa de greves registada em meados da década de 70 residia, sem dúvida, na dura luta pelo controlo do UMWA que culminou, em 1972, na eleição de Arnold Miller para a presidência do sindicato. Durante o seu mandato, o UMWA empenhou-se numa política de descentralização da autoridade e democratização, a qual, aliada a conflitos políticos internos contínuos, gerou uma liderança sindical fraca. Assim, havia poucas restrições por parte do sindicato relativamente às greves selvagens comandadas pelas comissões de base. Os dois lados culpavam-se reciprocamente por causa da greve. A direcção insistia com o sindicato para aumentar a disciplina sobre os seus membros. Os dirigentes sindicais e os mineiros diziam que a culpa era da direcção, que utilizava práticas que violavam o contrato. A solução passava por eliminar essas práticas.

Outra possibilidade era a de os mineiros recorrerem à greve por estarem convencidos de que o sistema de arbitragem estava sobrecarregado e não conseguia proteger eficazmente os seus direitos contratuais. Em 1972, um estudo atribuiu o problema grevista a uma demora excessiva no sistema de arbitragem de conflitos laborais.[8] O sistema era pesado e lento, mas não mais do que os utilizados noutras indústrias não flageladas por greves selvagens.

DETERMINAÇÃO DAS DIFERENÇAS LOCAIS NA FREQUÊNCIA DA GREVE

Chegámos à conclusão de que a primeira pista para deslindar o problema das greves selvagem passava por determinar se a sua frequência divergia entre as minas.[9] Se assim acontecesse, tentaríamos identificar as causas. (Tecnicamente, o nosso estudo visava identificar correlações, não causas.) Esperávamos que, uma vez identificados os factores associados às greves, pelo menos alguns deles se revelassem susceptíveis de mudança. Começámos por coligir dados sobre a frequência das greves ocorridas em 1975 e 1976 em 293 minas subterrâneas localizadas na Virgínia Ocidental, Virgínia, Kentucky, Tennessee, Ohio, Illinois e Pensilvânia.[10] Procurávamos diferenças estatisticamente significativas na frequência das greves entre empresas, entre sindicatos distritais e entre minas geridas pela mesma empresa. Descobrimo-las. Em 1975, por exemplo, uma empresa teve 11 minas sem greves, duas minas com 11 greves e uma mina com 16 greves.

O AMBIENTE CONFLITUAL EM MINAS COM MUITAS E POUCAS GREVES

A seguir, investigámos o ambiente conflitual nas minas com muitas e poucas greves. Uma teoria defendia que as greves reflectiam a frustração dos mineiros com vidas ou condições laborais medíocres. Nada encontrámos que confirmasse esta perspectiva. As minas onde havia muitas paralisações não se localizavam predominantemente nas áreas mais remotas dos Apalaches, em que o nível de vida era particularmente baixo. Nem eram minas onde a produtividade fosse especialmente elevada ou os níveis de segurança reduzidos.[11] Nem tampouco diferiam das minas com um número reduzido de greves, em termos de condições subterrâneas (gases, humidade, tectos baixos).

RESOLUÇÃO DE CONFLITOS NAS MINAS

O nosso passo seguinte consistiu em seleccionar quatro minas exploradas por duas empresas diferentes, mas situadas no mesmo distrito sindical.[12] De cada uma das empresas, seleccionámos uma mina com greves frequentes e outra onde estas eram raras. Em cada mina, entrevistámos o superintendente, o director, o coordenador das relações laborais ou do pessoal da empresa, todos os delegados sindicais locais e cerca de 30 mineiros escolhidos aleatoriamente.[13] O nosso objectivo visava determinar se os processos utilizados para resolver os conflitos diferiam entre as minas com poucas e muitas greves e se as partes evidenciavam diferenças relativamente a motivações, competências e recursos na utilização dos diversos processos.

O sistema de resolução de conflitos na indústria carbonífera. O contrato de trabalho relativo à extracção do carvão betuminoso prevê um processo reivindicativo de quatro etapas. Na Etapa 1, o mineiro que tenha uma reclamação apresenta-a ao seu encarregado, o qual tem um prazo de 24 horas para responder. Se o mineiro não ficar satisfeito com a resposta pode passar à Etapa 2 e pedir à comissão sindical da mina que debata a reclamação com o director ou o encarregado. O reclamante e este (*final offer arbitration*) costumam participar nesta reunião, que deve ocorrer no prazo de cinco dias úteis a contar da decisão do segundo. Se a comissão sindical e a direcção da mina não chegarem a acordo, a reclamação passa à Etapa 3, uma reunião entre um delegado sindical a nível distrital (cada mineiro pertence a uma secção local; um grupo de secções locais na mesma área geográfica constitui um distrito) e um representante da entidade patronal (frequentemente uma pessoa que não trabalha na mina). Esta reunião deve decorrer no prazo de sete dias úteis após a data do respectivo pedido de convocação. Caso não se chegue a acordo, o sindicato pode levar a reclamação à Etapa 4, a arbitragem, no âmbito da qual é apreciada por uma terceira parte que toma uma decisão final e vinculativa.

Apesar deste processo normalizado, verificámos que havia formas diferentes de resolver os conflitos nas minas com muitas ou poucas greves. As diferenças abrangiam o nível a que as resoluções finais ocorriam, a abordagem à negociação, a atenção prestada à prevenção e a disponibilidade de vias de retorno à negociação.

Resolução no primeiro nível. A Etapa 1 do procedimento de resolução de conflitos laborais exige que o mineiro apresente a reclamação ao seu encarregado. Segundo os trabalhadores das minas com poucas greves, estas chefias solucionavam muitas destas reclamações, o que não acontecia nas minas com muitas greves.

Uma abordagem baseada nos interesses. A Etapa 2 do procedimento consiste numa negociação entre a comissão sindical e o director ou superintendente da mina. Nas minas com muitas greves, este passo era muitas vezes um pró-forma. Segundo as palavras do encarregado de uma mina com uma percentagem elevada de greves: "80 a 90 por cento das reclamações não têm base contratual. Eu digo à comissão sindical que apresente a reclamação por escrito e transfiro-a para a Etapa 3." Um dos membros da comissão sindical confirmou esta abordagem e acrescentou: "Eles dizem sempre que vão submeter a reclamação a arbitragem, porque não querem resolver os problemas nas minas como está previsto." Nas minas onde havia muitas greves, as queixas baseadas nos interesses eram transformadas em reclamações baseadas nos direitos, porque a direcção local não estava disposta a lidar directamente com os interesses. Se a reclamação não se baseasse em interesses expressos no contrato UMWA-BCOA, a direcção nem a apreciava. A direcção das minas com uma percentagem reduzida de greves recorria a uma abordagem completamente diferente. A história das botas desaparecidas (Capítulo 1) foi-nos contada pelo encarregado de uma das minas com poucas greves. Embora contratualmente o mineiro não tivesse direito a umas botas novas, o encarregado tinha comprado botas para os mineiros, em situações anteriores, quando fora do interesse da mina fazê-lo e tê-lo-ia feito neste caso. Enquanto nos contava esta história, o encarregado insinuou que a forma inflexível como o chefe de turno abordara a resolução deste conflito fora um factor determinante para a greve selvagem.

Prevenção de conflitos. Os encarregados das minas em que a percentagem de greves era reduzida recorriam a várias técnicas para prevenir os conflitos. Reuniam-se regularmente com a comissão de comunicação da mina para anunciar e debater medidas propostas pela direcção com impacto sobre os mineiros. Pelo contrário, nas minas onde as greves eram numerosas, as reuniões entre as chefias e as comissões eram irregulares e um mero pró-forma. Os encarregados das minas com poucas greves passavam bastante tempo no subsolo, onde não só eram acessíveis aos mineiros como também estavam disponíveis para conversar com eles sobre as suas reclamações. Nas minas com muitas greves, os membros da direcção raramente se aventuravam no subsolo.

Vias de retorno à negociação. Outra característica das minas com poucas greves era a prática de introduzir processos de resolução informais no procedimento formal, a fim de promover as negociações. Numa destas minas, o director mandava o coordenador do pessoal investigar todas as reclamações antes da reunião da Etapa 2. Este director servia-se da informação fornecida pelo coordenador do pessoal para avaliar a razoabilidade da queixa do sindicato e da sua rejeição pelas chefias de nível inferior. Segundo ele, esta informação impedia que a reunião da Etapa 2 se tornasse um confronto sobre quem diz a verdade. Na outra mina onde havia poucas greves, qualquer reclamação não resolvida na Etapa 2 levava a outra reunião entre o queixoso, a comissão sindical e o encarregado, além do seu superior hierárquico (que não participava nas reuniões da Etapa 2).

CONFRONTOS DE DIREITOS: AS EXPERIÊNCIAS ARBITRAIS DOS MINEIROS

Como era de prever, os trabalhadores das minas com greves numerosas enviavam muito mais reclamações para a Etapa 3 e arbitragem do que os seus congéneres das minas em que as greves eram reduzidas. Os mineiros não confiavam no procedimento arbitral. Queixavam-se da lentidão e das decisões. Um deles explicou-nos até que ponto ia a sua falta de confiança nos árbitros: "Os homens queixaram-se por não conseguir transporte no interior da mina e a decisão arbitral foi-lhes desfavorável. Mais tarde viemos a descobrir que o árbitro nem sequer sabia o que era o comboio da mina (um veículo que transporta os mineiros para a superfície). A maioria dos árbitros nunca viu o interior de uma mina." O facto de cerca de 40 por cento das decisões arbitrais, que eram revistas pelo Arbitration Review Board (instância de recurso) serem revogadas ou modificadas ainda enfraquecia mais a confiança dos mineiros nos árbitros.[14] Aliás, a competência não era o único problema. A maioria dos trabalhadores de cada mina achava que perdia porque os árbitros eram parciais ou injustos. Dois terços dos mineiros que entrevistámos estavam convencidos de que os árbitros eram subornados pelas empresas.

CONFRONTOS DE PODER: A MOTIVAÇÃO PARA FAZER GREVE

Havia enormes divergências na percepção que os mineiros tinham da utilidade da greve. Vinte e cinco por cento dos trabalhadores das minas em que o número de greves era elevado estavam convencidos de que a paralisação era necessária para obrigar a direcção a debater os seus problemas, um ponto de vista que apenas era partilhado por três por cento dos seus congéneres nas minas com poucas greves. Nas minas com muitas greves (mas só nestas) os trabalhadores estavam também convencidos de que as paralisações os ajudavam a resolver os conflitos a seu favor. Grande percentagem dos trabalhadores dos dois tipos de mina disse-nos que poucas greves estavam relacionadas com questões que o justificassem. Os mineiros participavam nas greves por uma tradição de solidariedade sindical – ajudar hoje um colega sindicalizado na sua luta contra a administração garante a ajuda dele na nossa luta de amanhã – e, em parte, por receio de represálias de outros membros do sindicato caso não o fizessem.

Alguns dos nossos pressupostos revelaram-se incorrectos. Pensávamos que as acções disciplinares da direcção contra os grevistas poderiam fazê-los desistir da greve, mas constatámos que, tanto nas minas com muitas como nas com poucas greves, os mineiros não temiam processos disciplinares. A arma disciplinar mais severa da empresa, o despedimento, raramente constituía uma ameaça séria. Havia muitos árbitros que revogavam um despedimento por motivo de greve, a não ser que a direcção conseguisse provar que o mineiro despedido tinha instigado a greve, prova que a mesma tinha dificuldade em conseguir. Estávamos igualmente convencidos de que os processos disciplinares sindicais podiam desencorajar as greves. Era possível que a liderança sindical local fosse mais forte nas minas onde havia poucas greves e que se servisse desse poder para contrariar esta forma de luta. Verificámos, porém, que embora todos os dirigentes sindicais locais tentassem dissuadir os mineiros de entrar em greve, nenhum recorria aos processos disciplinares internos para o conseguir.[15] Um deles, pertencente a uma mina com poucas greves, explicou-nos: "Os homens fazem parte da secção local. O facto de eu ser presidente desta secção não me dá poder sobre eles. Não posso dizer-lhes o que devem fazer."

OS CUSTOS DA LITIGÂNCIA

Embora não tenhamos efectuado uma análise formal dos custos do conflito, os recursos consumidos pelas greves eram indubitavelmente colossais. Para os mineiros, os custos eram os salários e regalias perdidos. Para as empresas, os salários que continuavam a ser pagos aos supervisores e as despesas gerais. Um dos custos, a longo prazo, para os mineiros e para as empresas era a perda de contratos a favor de empresas mais fiáveis para os clientes, nomeadamente aquelas em cujas minas não havia trabalhadores sindicalizados.

Como era de prever, o relacionamento entre o sindicato e a direcção nas minas com muitas greves era difícil. Os membros da comissão sindical da mina queixavam-se que a direcção não colaborava, que se recusava a resolver um conflito mesmo quando o sindicato tinha razão. Do mesmo modo, a direcção referia que a comissão sindical não colaborava e abusava do seu poder. Estas acusações eram substancialmente menos frequentes nas minas com poucas greves. As atitudes recíprocas das partes resultam de negociações e greves anteriores. Embora as atitudes desfavoráveis não sejam provavelmente causa directa das greves afectam, sem dúvida, a percepção e as expectativas sobre as negociações. Nas minas com uma percentagem elevada de greves, a direcção e os dirigentes sindicais esperam negociações controversas e desenvolvem estratégias adequadas. Ao longo do tempo, as expectativas das partes quanto aos conflitos desenvolvem uma vida própria, que funciona como uma barreira a qualquer alteração na qualidade do relacionamento.

IMPLICAÇÕES DO DIAGNÓSTICO

A nossa principal constatação foi a de que é possível explorar uma mina de carvão com trabalhadores sindicalizados sem sujeição a greves selvagens frequentes. Mas isso exige muita capacidade e esforço, quer do sindicato local, quer dos membros da direcção. Ambas as partes devem tentar negociar um acordo na Etapa 2. Quando esta etapa é um mero pró-forma, é negado aos mineiros o direito de participar na resolução dos seus conflitos, aumentando assim a possibilidade de ficarem descontentes com o desfecho. Nas negociações da Etapa 2, ambas as partes devem igualmente evitar centrar-se exclusivamente nos direitos e estar dispostas a procurar em conjunto soluções baseadas nos interesses.

Todos os mineiros prefeririam resolver os litígios laborais sem recorrer à arbitragem. Embora muitas reclamações fossem arbitradas, especialmente nas minas com muitas greves, os mineiros não confiavam no processo arbitral. Colocava-os na posição de espectador passivo, que assiste à argumentação de um representante sobre os méritos contratuais da sua reclamação. Além do mais, não esperavam um desfecho satisfatório da arbitragem. A greve, pelo contrário, proporcionava escape emocional e vingança e, por vezes, forçava a direcção relutante da mina a negociar, ou seja, dava aos mineiros alguma representatividade e alguns resultados satisfatórios, que lhes eram negados, quer na Etapa 2, quer na arbitragem.

CONCEPÇÃO: RECOMENDAÇÕES DE MUDANÇA

Depois, surgiu a questão de como transformar um relacionamento marcado por numerosas greves num outro mais pacífico. Fizemos várias recomendações, sem nunca pensar que um dia teríamos oportunidade de pôr as nossas ideias em prática em Caney Creek. Ao fazer estas recomendações, puséramos de parte o papel do puro cientista social que recolhe, analisa e publica dados que outros interpretam. Fizemo-lo porque compreendemos que mesmo que não desenvolvêssemos as implicações dos dados, outros o fariam. Conhecíamos o estudo e os dados melhor do que ninguém, por isso concluímos que devíamos fazer recomendações. No entanto, não nos considerávamos especialistas em concepção de sistemas. Não tentámos de modo algum persuadir as partes a aceitarem as nossas recomendações. Nem nos propusemos desempenhar qualquer papel na implementação de eventuais alterações que fossem aceites.

RESOLUÇÃO DE CONFLITOS NA MINA

Começámos por examinar a documentação sobre desenvolvimento organizacional respeitante à transformação de uma situação altamente conflituosa numa outra em que o conflito é encarado numa perspectiva de resolução dos problemas. Uma das abordagens, denominada pacificação interpessoal, recorre a uma terceira parte para ajudar os litigantes a enfrentarem directamente o conflito e a resolvê-lo.[16] Dado que esta abordagem exigiria um facilitador em cada mina, pelo menos até as partes desenvolverem novas formas de relacionamento, pensámos que a mesma não seria exequível em larga escala. Queríamos recomendar alterações que as partes conseguissem, por si próprias, implementar.

Outra abordagem, denominada formação intergrupos, recorre igualmente a terceiros para reduzir o conflito. Reorganiza ideias e modifica atitudes por meio de *workshops* de formação.[17] Encarávamos esta abordagem com cepticismo, devido à imensa bibliografia ilustrativa de que as atitudes modificadas durante um *workshop* de formação não se transferem para o local de trabalho.[18] Além do mais, pensámos que a direcção da mina e os representantes sindicais precisavam não apenas de atitudes novas, mas também de um repertório comportamental inteiramente novo –

novos procedimentos, novas competências para os pôr em prática e motivação e recursos para os utilizar. Parecia ingénuo pensar que, mesmo com as atitudes adequadas, as partes que se tinham defrontado em conflitos tão hostis soubessem como participar em negociações de resolução de problemas baseadas nos interesses. Acreditávamos que, se conseguíssemos convencer os mineiros e a direcção da mina a adoptarem uma abordagem orientada para a resolução dos problemas, as atitudes, logicamente, mudariam.[19] Mas como levá-los a aceitar essa abordagem?

O papel da direcção. O primeiro passo foi conseguir que a direcção lidasse com os conflitos na própria mina, em vez de enviá-los para a Etapa 3 ou para arbitragem. Pensámos que as hipóteses de uma solução baseada nos interesses aumentariam se os conflitos fossem tratados pelas partes directamente envolvidas. Fizemos duas recomendações para atingir este objectivo. A primeira prendia-se com a motivação. Aconselhámos as empresas a tornarem o registo das greves ocorridas com um dado director um elemento importante da avaliação do seu desempenho. Pensámos que, se os directores soubessem que seriam avaliados de acordo com indicadores das suas relações laborais, sentir-se-iam motivados para lhes dedicar mais tempo e esforço. Embora nem sempre conseguissem solucionar os conflitos, era provável que se empenhassem em negociações baseadas nos interesses e nos direitos. Sugerimos ainda que os encarregados passassem a ter mais poder para resolver reclamações. Para motivá-los a utilizarem esse poder, sugerimos que o registo das reclamações fosse um elemento de avaliação do seu desempenho.

A nossa segunda recomendação consistiu em separar as relações laborais e as operações mineiras. Nas minas que analisámos, o superintendente era responsável pelas relações laborais e operacionais. Pensámos que a sua separação daria mais destaque às primeiras. O desempenho de uma pessoa cujas atribuições eram as relações laborais teria necessariamente de ser avaliado em função da qualidade das relações laborais existentes na mina. Essa pessoa poderia ser igualmente escolhida pela sua capacidade de relacionamento interpessoal e negocial e não pelo conhecimento das operações mineiras.

Em suma, nenhuma destas sugestões era suficientemente sensível às práticas empresariais existentes na indústria. A primeira sugestão previa alterações ao sistema de avaliação de desempenho, mas poucas minas de carvão possuíam sequer um sistema susceptível de ser alterado. Além do mais, não conseguimos prever a resistência provável dos dirigentes das minas ao facto de serem responsabilizados por greves que muitos pensavam ser alheias à sua vontade ou de ceder o controlo sobre as relações laborais. O nosso erro consistiu em não envolver as partes no processo de elaboração das recomendações. Se o tivéssemos feito, elas teriam certamente apontado a fraqueza das sugestões e talvez nos tivessem ajudado a desenvolver outras melhores. Na altura, não nos considerávamos especialistas em concepção de sistemas com a responsabilidade de implementar as alterações que sugeríamos. No papel de teóricos que levantavam questões que outros poriam em prática, nunca nos ocorreu envolver as partes no processo das recomendações.

O papel do sindicato. A nossa recomendação mais radical foi modificar os Estatutos do UMWA, de modo a estipular que nenhum mineiro fizesse greve, salvo se a mesma tivesse sido autorizada por voto secreto da maioria dos mineiros empregados na mina, e que qualquer mineiro que participasse numa greve não autorizada fosse alvo de um processo disciplinar, incluindo expulsão do sindicato. Naquela altura, os Estatutos do UMWA não contemplavam nenhum destes aspectos.[20] Com base nas nossas constatações de que, segundo os mineiros, poucas greves estavam relacionadas com questões que justificassem uma paralisação e que aderiam à greve essencialmente para apoiar um colega, pensámos que o número de greves podia ser reduzido através de um sufrágio. Pensámos também que, se o sindicato adoptasse e fizesse cumprir a regra da maioria, as companhias carboníferas poderiam concordar em não impor sanções disciplinares ou pedir indemnizações por perdas e danos causados pelas greves autorizadas sancionadas por uma votação maioritária. Estas duas ideias foram posteriormente aperfeiçoadas e reintroduzidas em Caney Creek, onde se revelaram cruciais para os nossos esforços de diminuir a probabilidade de greves.

ARBITRAGEM

Pensámos que era importante aumentar a confiança dos mineiros na arbitragem, mas não nos ocorreu nenhuma ideia válida. Embora os mineiros se queixassem da demora das decisões, na verdade o procedimento era mais rápido do que noutras indústrias. Ocorreu-nos que, se não conseguíssemos aumentar a confiança dos mineiros na arbitragem, podíamos reduzir a sua dependência do sistema, diminuindo o número de conflitos que eram arbitrados. Os dirigentes sindicais, eleitos pelas comissões de base, mostravam-se relutantes em negar a um mineiro que apresentava uma queixa a possibilidade de se expressar. A pressão política sobre os delegados sindicais para submeter a arbitragem casos de mérito duvidoso poderia ser atenuada se eles fossem nomeados para os seus cargos, como aconteceu até 1972, quando Arnold Miller se tornou presidente. Todavia, a eleição de representantes distritais fora uma das reformas mais importantes da administração Miller, sendo improvável o regresso ao sistema anterior. Não descortinámos nenhum processo satisfatório de reduzir o número de reclamações submetidas a arbitragem, até ao desenvolvimento da mediação de litígios laborais introduzida anos mais tarde.

CONCLUSÃO

Demos grande divulgação ao nosso relatório sobre as greves selvagens. Enviámos cópias para os presidentes da Bituminous Coal Operators' Association e do UMWA, a todos os presidentes distritais do UMWA, a todos os responsáveis pelas relações de trabalho de todas as empresas às quais tínhamos pedido informação e aos dirigentes locais e delegados sindicais das quatro minas em que tínhamos efectuado o estudo de campo.

A resposta foi modesta. Demos o nosso testemunho sobre as greves selvagens perante a Presidents Commission on Coal.[21] Mas até Caney Creek, nenhuma empresa ou sindicato local nos pediu para trabalharmos com as comissões sindicais ou com os directores das minas. Em Caney Creek, as nossas conclusões sobre as causas da greve selvagem serviram de modelo de diagnóstico e muitas das nossas recomendações, emanadas desse estudo, foram aperfeiçoadas e implementadas. O estudo sobre greves selvagens foi, portanto, o nosso primeiro passo, embora imperfeito, como especialistas em concepção de sistemas.

É pouco provável que muitos especialistas em concepção de sistemas tenham oportunidade de participar num diagnóstico tão alargado como o do nosso estudo sobre greves selvagens. As partes envolvidas num sistema de resolução de conflitos deficiente não vão, provavelmente, apreciar os benefícios de explorar outras formas de relacionamento nem estar dispostas a aguardar os resultados deste diagnóstico (ou pagar para o obter). No entanto, o objectivo do diagnóstico deveria estar relacionado com o âmbito e gravidade do problema. O especialista em concepção deve envidar todos os esforços para persuadir os litigantes de que basear as recomendações em diagnósticos apressados e superficiais é um convite ao fracasso.

CAPÍTULO 6

Concepção de um Sistema Económico de Resolução de Conflitos

INTERVENÇÃO NUMA MINA DE CARVÃO
ASSOLADA POR GREVES

EM MARÇO DE 1980, O CONFLITO ENTRE OS TRABALHADORES e a direcção da mina de Caney Creek, no Estado norte-americano de Kentucky, atingira proporções monumentais. Nos dois anos anteriores, os mineiros tinham consumado 27 greves selvagens. A direcção respondera com despedimentos e processara o sindicato por violação contratual. No final, 115 mineiros tinham passado uma noite na prisão, o que, além de não ter evitado a greve, desencadeara uma onda de ameaças de bomba, sabotagem e roubo. Os mineiros começaram a ir trabalhar com armas nos carros. Naquela altura, Caney Creek era provavelmente a mina mais dilacerada por conflitos de toda a indústria do carvão.

Os dirigentes da empresa que explorava a mina estavam desorientados e encaravam seriamente a possibilidade de a encerrar definitivamente. Em Março, como primeiro passo e aviso, suspenderam o contrato de trabalho de um terço dos trabalhadores. Os principais dirigentes sindicais estavam profundamente preocupados.

Esta suspensão foi um rude golpe. Estavam igualmente preocupados com o facto de, se os mineiros fossem de novo presos, as minas de todo o país pudessem entrar em greve em sinal solidariedade. Todavia, tinham pouca influência no sindicato local. Dirigentes sindicais e patronais concordavam que o conflito era completamente intolerável.

Neste clima, fomos convidados a conversar com o sindicato e com a direcção sobre o problema das greves selvagens. Estas consultas prolongaram-se por seis meses. Diagnosticámos a situação, concebemos um programa de alterações em conjunto com as partes e participámos activamente na sua implementação. O nosso objectivo consistia em alterar o padrão da resolução dos conflitos, de modo a conseguir uma solução mais satisfatória e menos onerosa para ambos os lados. Resumindo, agimos como especialistas em concepção de sistemas de resolução de conflitos.

O ARRANQUE

No final de Fevereiro de 1980, Goldberg recebeu um telefonema do presidente do distrito sindical a que pertencia Caney Creek e do director das relações industriais da empresa que explorava a mina. Informaram-no sumariamente do conflito e exprimiram a sua forte apreensão relativamente ao encerramento da mina. Pediram-lhe que se deslocasse ao local para conferenciarem sobre o problema das greves selvagens. Duas semanas mais tarde, Goldberg concordou e ambas as partes consentiram que Brett e Ury fossem incluídos na consulta. A empresa e o sindicato concordaram dividir as despesas.

As partes recorreram à nossa colaboração como último recurso. O sindicato e a direcção encontravam-se num beco sem saída. Nenhum dos lados tinha hipóteses de vencer e a situação só podia piorar. Ambos tinham tudo a ganhar em manter a mina aberta. Dirigiram-se a

Goldberg por ser uma pessoa imparcial, pois conheciam o seu trabalho de árbitro na indústria e a investigação que efectuara com Brett sobre as origens das greves selvagens. Queriam que ele os aconselhasse com base na sua experiência e imparcialidade.

À medida que nos fomos envolvendo no problema, compreendemos que os motivos que levavam as partes a pedir ajuda eram complexos e variados. Nem os delegados sindicais locais nem a direcção local, os litigantes reais, estavam convencidos de precisar de ajuda exterior. Fomos-lhes impostos pelos respectivos superiores e aliados, que sentiam pungentemente os custos do conflito, embora se sentissem constrangidos em interferir de uma forma mais enérgica. Os dirigentes do distrito sindical tinham aconselhado os mineiros a não fazer greve, embora sem grande resultado. Como tinham sido eleitos para os seus cargos, mostravam-se relutantes em exercer demasiada pressão. Esperavam que nós, que éramos alheios à situação, conseguíssemos facilitar-lhes a vida, dizendo aos mineiros para adoptarem alterações impopulares. Os colaboradores de topo da empresa também se sentiam constrangidos. Sentiam-se frustrados por não conseguirem pôr fim às greves, embora hesitassem em intervir mais directamente com receio de desacreditar os directores da mina. Além do mais, estavam divididos. Sexton, o director das relações laborais, advogava a substituição de alguns directores por pessoas mais diplomáticas, ao passo que Williams, o director operacional, insistia numa política mais dura.[1] Sexton solicitara a nossa intervenção com a inconfessada esperança de que as nossas recomendações fossem análogas às dele e o ajudassem a vencer o debate interno.

O tribunal federal também constituía um factor a ter em conta para ambas as partes. A empresa tinha processado o sindicato por fazer greve em violação do contrato de trabalho. Tanto os colaboradores da empresa como os do distrito sindical ansiavam provar no tribunal as suas razões. Cada um esperava que os juízes acusassem outros que não eles. As partes tinham, portanto, inúmeras razões para pedir a nossa intervenção mas, curiosamente, ninguém parecia encarar com optimismo que esta fosse, de facto, remediar a situação das greves selvagens.

O especialista em concepção de sistemas de resolução de conflitos deve, portanto, indagar a razão por que foram solicitados os seus serviços e, objectivamente, por quem. Alterar o modo de lidar com os conflitos pode não ser o único ou sequer o principal objectivo das partes. Estas podem ter agendas ocultas ou mesmo incompatíveis e alguns elementos que são essenciais para o êxito do esforço de mudança podem não ter sido consultados ou ter-se oposto à diligência e sido ignorados. Em geral, as partes só costumam recorrer a terceiros em último recurso. Receiam que venha alguém de fora intrometer-se. E mesmo que essa intromissão reduza o elevado custo dos conflitos, pode igualmente ameaçar os interesses de uma delas - o que pode ser mais importante do que o custo dos conflitos.

DIAGNÓSTICO DO SISTEMA DE RESOLUÇÃO DE CONFLITOS EXISTENTE

Elaborámos o nosso diagnóstico preliminar após inúmeras entrevistas com praticamente todos os dirigentes sindicais e patronais, quer a nível local quer superior. Posteriormente, Ury entrevistou mais de cem mineiros, estudou os ficheiros de todas as reivindicações registadas na história de Caney Creek e observou os trabalhos na mina, de dia e de noite, durante oito semanas.

COMPREENDER O CONTEXTO DOS CONFLITOS

O nosso diagnóstico começou por examinar o conflito na perspectiva do sindicato e da direcção da empresa. Cada um dos lados considerava que o problema se devia ao comportamento agressivo da outra parte e que as suas próprias acções hostis eram uma mera resposta à provocação. A direcção local culpava sobretudo um pequeno grupo de desordeiros existente na mina, incluindo Ratliff, o presidente do sindicato local. Os dirigentes sindicais culpavam Kilgore, o encarregado das operações subterrâneas.

Além do mais, entre Ratliff e Kilgore existia um longo e declarado antagonismo pessoal, que se manifestava tanto no local de trabalho, como fora dele.

Embora a desavença interpessoal fosse óbvia, os problemas em causa não eram imediatamente evidentes. O conflito assemelhava-se a uma rixa do velho Kentucky, em que as verdadeiras questões eram facilmente esquecidas. Assim, a discórdia era alimentada por motivos de reacção e vingança recíprocos aos actos que cada um praticava e que atingia o outro. A direcção suspendia os mineiros por terem feito greve, os mineiros faziam greve porque a direcção os suspendia. Todos queriam dar uma "lição" aos adversários. A determinada altura, o problema consistia em saber quem se deixaria coagir, "provocar" na óptica dos mineiros, "chantagear" segundo a direcção local. Ambos os lados estavam convencidos de que era inútil conversar e de que o outro lado só compreendia a linguagem da força.

CARTOGRAFAR O PADRÃO DE RESOLUÇÃO DOS CONFLITOS

O padrão de resolução de conflitos da mina era semelhante aos que tínhamos encontrado nas minas com elevado índice de paralisações durante o nosso estudo sobre greves selvagens. Quando um mineiro tinha um problema, só admitia duas opções relevantes: desistir ou fazer greve. A terceira opção - debater o problema - estava profundamente desacreditada. A maioria dos mineiros perdera a confiança no procedimento de gestão de reclamações instituído, usando-o apenas como forma de hostilizar a direcção. Segundo Sexton, não havia cedências mútuas, não havia "válvula de escape", não havia "amortecedores". Ao descrever a direcção da mina, ele afirmou: "São todos do contra. Julgam que estão a comunicar, mas não estão. Estão a impor, a discursar, a debitar clichés".

Os mineiros faziam greve, não tanto movidos por um sentimento de cólera irracional, mas mais por pensarem que não tinham outra saída. A decisão de um mineiro participar na greve com os colegas podia ser sensivelmente expressa nos seguintes termos: "Se eu não fizer greve quebro o meu compromisso sindical de solidariedade e exponho os grevistas a represálias por parte da direcção. Arrisco-me a ser espancado pelos outros mineiros ou insultado ou que me partam alguma coisa. Fico frustrado e ofendido. Deixamos a empresa abusar de nós sem que sofra as consequências."

Os dados disponíveis sobre o processo de reivindicações revelavam um padrão de resolução de conflitos com o formato de uma pirâmide invertida, conforme se ilustra na Figura 2 do Capítulo 1. Nos 16 meses que mediaram entre Março de 1978 e Julho de 1979, os mineiros apresentaram 45 reclamações na Etapa 2.[2] Catorze reclamações foram resolvidas na Etapa 2, 16 na Etapa 3, 15 por arbitragem e 18 por meio de greve – um padrão de resolução de litígios laborais muito alterado, no qual os processos menos dispendiosos eram os menos usados e os mais dispendiosos eram os que registavam maior taxa de utilização.

Este padrão surgiu na primeira reivindicação apresentada pelo sindicato, quando a mina abriu. A direcção anunciara uma vaga para um operador de equipamento móvel, um emprego à superfície muito apreciado pelos trabalhadores de uma mina subterrânea. Havia muitos mineiros convencidos de estarem aptos para desempenhar essa função, mas não conseguiram satisfazer as qualificações técnicas exigidas pela direcção. Consideravam que a direcção estava injustamente a privá-los daquele emprego para o dar a um recém-contratado.[3] O sindicato apresentou uma queixa. A direcção respondeu que o contrato lhe dava direito a definir as qualificações do posto de trabalho. O caso foi submetido a arbitragem.

O árbitro indeferiu a reclamação. A direcção regozijou-se por ter vencido o primeiro conflito com o sindicato. Não admitiam que fosse o sindicato a dizer-lhes como haviam de gerir a sua mina. Os mineiros ficaram descontentes. Para eles, a direcção andava a brincar com o processo de candidaturas, preenchendo as vagas sem considerar as legítimas pretensões dos trabalhadores. Assim se começou a deteriorar a boa vontade inicial dos mineiros para com a empresa.

Este conflito e os que se lhe seguiram acarretaram custos elevados. Estes incluíam o dinheiro e o tempo gastos na arbitragem, os salários que os mineiros não ganhavam quando faziam greve, a produtividade que a direcção não atingia e os empregos perdidos por suspensão dos contratos de trabalho. Ambos os lados referiram igualmente insatisfação com os desfechos dos conflitos. O relacionamento laboral entre a direcção e o sindicato era extremamente tenso e, na verdade, o anunciado encerramento da mina augurava um final abrupto. Os conflitos eclodiam com frequência. A arbitragem ou as greves raramente conduziam a uma solução duradoura. Os problemas subjacentes e o ressentimento não eram resolvidos, contribuindo para que houvesse ainda mais queixas e greves selvagens.

No geral, Caney Creek era o protótipo de um sistema de resolução de conflitos deficiente. Os procedimentos baseados nos interesses, como as negociações para resolução de problemas, eram inexistentes. Os procedimentos utilizados centravam-se nos direitos, como a arbitragem, ou no poder, como as greves.

AS MOTIVAÇÕES DECISIVAS

Ao aprofundarmos ainda mais o diagnóstico do sistema de resolução de conflitos, quisemos saber por que razão os mineiros recorriam com tanta frequência à greve. Verificámos que um dos motivos fundamentais era o facto de a direcção violar com frequência as expectativas de justiça dos mineiros. Aconteceu não apenas no conflito sobre o posto de operador de equipamento móvel, mas em inúmeros casos posteriores.

Estas expectativas de justiça, que a direcção ignorou, constituíam o que podemos denominar de "contrato informal".[4] O contrato formal, escrito, representa apenas parte das normas que regem as relações laborais entre trabalhadores e patronato. Outra parte é constituída pelas expectativas não formalizadas de ambas as partes. O mineiro espera um tratamento justo, uma oportunidade razoável de executar tarefas desejáveis e flexibilidade das regras de trabalho que contemplem as necessidades individuais. A entidade empregadora espera que a um salário justo corresponda um dia de trabalho produtivo.

Em Caney Creek, a direcção recusava-se, de uma maneira geral, a admitir as denominadas "queixas" informais. Nem o procedimento de resolução de conflitos laborais considerava essas queixas. Este procedimento, além do mais, tendia a privar o mineiro da sensação de controlo e de representação. Retirava-lhe o controlo do processo e colocava-o nas mãos da comissão sindical, do representante do distrito sindical e por último, do árbitro (que muitos mineiros consideravam ser parcial para com eles). O processo demorava muito tempo, geralmente meses, incluindo muitas horas de reuniões. Mas talvez o aspecto mais significativo fosse o facto de transformar o problema do mineiro numa queixa por incumprimento contratual, que muitas vezes pouco tinha a ver com o problema original. O queixoso observava passivamente os outros a debaterem a sua reivindicação, um debate onde se utilizavam com frequência termos legais que ele não conseguia compreender.

A melhor definição deste aspecto foi talvez dada pelo director de uma mina da Virgínia Ocidental, ao falar da sua própria mina, anteriormente assolada por greves:

> Constatámos que, se passássemos à Etapa 3, aparecia um grupo de desconhecidos - não exactamente desconhecidos mas representantes distritais do sindicato [e] responsáveis das relações laborais da minha empresa (...) Estas pessoas (...) encarregavam-se mais ou menos dos procedimentos e as coisas começavam a ficar distorcidas.
>
> Estas pessoas (...) têm de justificar a sua existência, por isso sentem necessidade de empolar as coisas. Começávamos a perder de vista o essencial.
>
> As verdadeiras tragédias aconteciam quando se tornava mesmo imperativo recorrer à arbitragem, onde as coisas ficam completamente fora de contexto. É impossível que alguém ganhe. Os árbitros (...) nem conseguem descortinar o problema inicial.[5]

Por outras palavras, entravam em cena pessoas com outros interesses que reformulavam o problema, dificultando o enfoque nos interesses originais dos queixosos e a resolução da reclamação a seu contento.

A maioria das greves de Caney Creek prendia-se com o contrato, quer directamente, quando os mineiros faziam greve em resposta à aparente violação do mesmo por parte da direcção, quer indirectamente, quando faziam greve em resposta à tentativa da direcção de anular a insatisfação provocada por esta suposta violação. Quando um mineiro não conseguia um trabalho à superfície, os outros mineiros entravam em greve não só por solidariedade, mas também porque sentiam que a direcção quebrara a promessa contratual informal de tratamento justo, ameaçando, por conseguinte, as suas próprias perspectivas além das do colega lesado.

As greves desempenhavam funções significativas. Davam aos mineiros uma sensação de controlo sobre o desfecho das suas reclamações e uma forte representatividade no processo. Os mineiros descontentes podiam entrar imediatamente em acção e ter um papel decisivo no processo. Embora as greves raramente conseguissem satisfazer a reclamação original, permitiam aos mineiros verbalizar as suas emoções e advertir a direcção contra possíveis violações futuras dos seus direitos.

Em suma, um mineiro com uma reclamação tinha à sua escolha um procedimento baseado nos direitos – a resolução dos conflitos laborais – e um procedimento baseado no poder – a greve. O primeiro não podia resolver as questões não abrangidas pelo contrato formal, mas o segundo podia. O primeiro privava os mineiros de representatividade e de controlo, o segundo devolvia-lhos. Uma terceira escolha, a negociação baseada nos interesses, não estava disponível. Não é de admirar, portanto, que Caney Creek fosse palco de greves selvagens.

CONCEPÇÃO DE UM SISTEMA EFICAZ

NÃO TENTE RESOLVER O CONFLITO, MUDE O SISTEMA

O diagnóstico do problema efectuado pelas partes centrava-se nas pessoas. Thacker, o director da mina, queria identificar e despedir os desordeiros. O sindicato local queria ver-se livre de Kilgore, o chefe das operações subterrâneas. O próprio Sexton, responsável pelas relações laborais da empresa, pensava que Kilgore teria de ser transferido ou despedido. Poderíamos ter prosseguido a partir daí, ou seja, decidir se deveríamos recomendar despedimentos. Uma resposta comum a conflitos estruturais consiste em atribuí-los a personalidades e substituir pessoas.[6] No entanto, as substituições podem simplesmente manter o conflito, dado que a situação e os incentivos permanecem iguais. Por isso ensaiámos outra abordagem.

A situação parecia perfeita para a introdução de um sistema de resolução de conflitos. Existia um relacionamento em crise, à beira da ruptura. As greves e as sanções disciplinares – processo pelo qual se resolviam os conflitos – tornavam-se mais problemáticas do que as questões substantivas. Sabíamos que não podíamos resolver o litígio estrutural de fundo existente entre os trabalhadores e a direcção mas achávamos que podíamos ajudá-los a encontrar uma maneira melhor de resolver os conflitos. O nosso objectivo era, em primeiro lugar, identificar os objectivos que serviam às lutas de poder, às greves e, em segundo lugar, conceber uma forma de preencher essas funções a um custo menor para as partes. Em suma, não pensámos em resolver o conflito mas em alterar o sistema.

Decidimos não seguir a sugestão das partes e afastar as pessoas que estavam a "provocar" o conflito. Em vez disso, centrámo-nos na restauração da opção "diálogo", que desaparecera do repertório dos processos de resolução de conflitos. Usando um termo do estudo sobre greves selvagens, o desafio consistia em construir um "relacionamento propício à resolução dos problemas", no qual os conflitos começariam por ser resolvidos por meio de negociações baseadas nos interesses. Não bastava implementar novos processos, as alterações exigiam que se prestasse atenção às motivações, às competências e aos recursos das partes.

PRINCÍPIO: RESOLVER OS PROBLEMAS ATRAVÉS DA NEGOCIAÇÃO

Uma das nossas ideias originais era tornar o procedimento reivindicativo mais célere e económico. Pensávamos que um procedimento eficiente deveria conseguir resolver as reivindicações que originavam greves selvagens. Contudo, um estudo mais aprofundado revelou-nos que os problemas eram mais complexos. O procedimento reivindicativo não resolvia as alegadas violações não contempladas no contrato e privava os mineiros da sensação de controlo sobre as suas reclamações. Tornar, simplesmente, o processo mais eficiente não resolveria estas insuficiências. Em resumo, compreendemos que as motivações são tão importantes como os procedimentos. O especialista em concepção deve analisar cuidadosamente o motivo que leva as partes a recorrerem a processos de resolução de conflitos dispendiosos. Se assim não for, apenas lhe resta aumentar a eficácia dos procedimentos, como o procedimento de queixas por incumprimento contratual, que as partes encaram como fracos substitutos dos sistemas dispendiosos.

O estudo sobre as greves selvagens sugeriu uma alternativa melhor, que incluía as motivações das partes: resolver os conflitos através de uma abordagem com vista à resolução dos problemas. Em Caney Creek, os litígios eram resolvidos pelo princípio do contraditório. A ênfase mantinha-se quase exclusivamente nos direitos contratuais. O resultado era uma vitória para um dos lados e uma derrota para o outro. Em contrapartida, a negociação que visa a resolução dos problemas realça a cooperação, centra-se fundamentalmente nos interesses, envolve uma grande dose de persuasão e conciliação mútuas e busca um desfecho satisfatório para ambas as partes.

Este tipo de negociação apresentava uma série de vantagens específicas. Podia apreciar conflitos emanados de reivindicações de carácter moral, bem como do contrato formal. Podia centrar-se nos interesses subjacentes a alegadas violações e podia fazê-lo segundo os termos usados pelos trabalhadores que eles compreendiam. Podia clarificar as reclamações por alegadas situações de injustiça, não apenas relativamente a um conflito, mas também em termos do relacionamento como um todo. Podia situar-se a um nível hierárquico inferior, ser mais rápido e permitir uma participação mais activa do queixoso. Em suma, a negociação que visa a resolução dos problemas podia servir três funções cruciais da greve selvagem – apreciar reivindicações que não emergiam directamente do contrato de trabalho, mas cuja resolução o trabalhador considerava um dever "moral" ou de "justiça", dar-lhe a sensação de controlo sobre o resultado e garantir-lhe representatividade no processo.

APERFEIÇOAR OS PROCEDIMENTOS DE RESOLUÇÃO DE CONFLITOS

Começámos por procurar sensibilizar as partes para a utilização de uma abordagem que visa a resolução dos problemas. O nosso debate com as partes e entre nós próprios sugeria as seguintes alterações:

Consulta e negociação. As comunicações e consultas precoces podem ajudar cada um dos lados a compreender os interesses do outro e, por conseguinte, a evitar conflitos desnecessários. Sugerimos que as chefias de topo da mina passassem o máximo de tempo possível no subsolo a escutar os problemas dos mineiros. Pensámos igualmente que a direcção devia consagrar a prática de consultar os dirigentes sindicais locais antes de introduzir qualquer alteração significativa nas condições de trabalho. Recomendámos que a direcção e os dirigentes sindicais se encontrassem com os mineiros para debater problemas gerais e explicar as políticas acordadas. Estávamos convencidos de que esta interacção criaria um sentimento de participação e de parceria e permitiria a implementação das alterações necessárias com o mínimo de rupturas, impedindo o deflagrar de muitos conflitos.

Estávamos igualmente convencidos de que alguns conflitos seriam travados, caso fosse fornecida informação adequada aos mineiros. Um dos assuntos mais sensíveis na mina prendia-se com as suspensões disciplinares. A direcção costumava chamar um mineiro, ao qual dizia, em privado, que estava suspenso durante um período específico e mandava-o para casa. Costumavam correr boatos de que o mineiro fora despedido, donde resultava uma greve. Os delegados sindicais sugeriram que essas greves podiam ser evitadas se um dos membros da comissão sindical, alguém em quem os mineiros confiassem, estivesse presente em cada suspensão, de modo a obter informações precisas e credíveis com as quais conseguisse evitar os boatos. Para esse efeito, os delegados sindicais pediram à direcção que informasse a comissão sindical da mina antes de suspender um mineiro. Sugerimos a introdução desta alteração no procedimento, como um método adicional de prevenção de conflitos.

Formulámos várias propostas para lidar com os conflitos. Os mineiros necessitavam de um sistema que lhes permitisse queixarem-se das violações de carácter moral. Sugerimos que a direcção anunciasse explicitamente que apreciaria as reclamações não contratuais do mesmo modo que as contratuais. As motivações também tinham de ser ponderadas. Muitos mineiros receavam que, se apresentassem uma reclamação, o seu chefe retaliaria atribuindo-lhes tarefas indesejáveis. Propusemos à empresa que ajudasse a dissipar estes receios, anunciando que puniria (em alguns casos, com o despedimento) qualquer encarregado que exercesse sanções contra um mineiro por ter apresentado uma reclamação.

Em caso de conflito, pretendíamos que as partes o resolvessem o mais perto possível da sua origem, idealmente entre o mineiro e o seu chefe imediato. Sugerimos à direcção que encorajasse as chefias directas a resolver as reclamações, tornando as relações laborais um dos elementos principais da avaliação do seu desempenho. Propusemos igualmente que o sindicato se recusasse a avançar com uma reclamação para a Etapa 2 sem que o mineiro a tivesse debatido com o seu superior hierárquico imediato.

Alteração do processo grevista. Para impedir que os conflitos se transformassem em greve, propusemos incluir uma negociação pré-greve. Caso surgisse uma ameaça de greve, os mineiros continuariam a trabalhar, enquanto a comissão sindical da mina debatia o conflito com a direcção.

Criava-se assim um período de reflexão que abria caminho à negociação. Este é um bom exemplo para demonstrar como se desviam os litigantes de um processo mais dispendioso para um mais económico.

Após as negociações pré-greve, sugerimos adicionar ainda outro processo de filtragem de algumas paralisações. Os membros do sindicato discutiam o assunto e votavam a favor ou contra a greve. Se a maioria votasse contra, os mineiros iriam trabalhar mesmo que uma minoria insistisse em fazer greve, o que impediria que uma minoria liderasse uma paralisação contra os desejos da maioria.

Os dirigentes sindicais apontaram dois obstáculos a esta abordagem. Primeiro, afirmaram que, na eventualidade de se reunirem para debater uma eventual greve, estariam sujeitos a ser presos por violarem a ordem judicial contra a greve. Evitar as discussões deste tipo era uma forma de se protegerem. Perguntámos se participariam nas reuniões pré-greve se a direcção concordasse em não lhes impor qualquer sanção, ao que responderam afirmativamente. O segundo obstáculo era o de as greves parciais violarem o princípio da solidariedade sindical. Quando um ou dois mineiros iam para casa, os outros seguiam-nos automaticamente, não necessariamente por concordarem mas por quererem proteger os grevistas. Se algumas pessoas abandonassem o trabalho, podiam ser despedidas. Se todos os mineiros entrassem em greve, ninguém seria despedido. Mais uma vez, a motivação era um factor crítico. Ratliff, o presidente do sindicato, sugeriu que a maioria dos mineiros continuaria a trabalhar se a direcção concordasse em não levantar processos disciplinares aos grevistas. Quando nos oferecemos para apresentar esta proposta à direcção, Ratliff mostrou-se incrédulo: "Se conseguirem isto, os homens levam-vos em ombros."

Se, apesar destes procedimentos, ocorresse uma greve, pretendíamos minimizar os custos. Este foi o objectivo da nossa última proposta. De acordo com a prática existente na altura, o primeiro turno a entrar em greve era o primeiro a regressar ao trabalho, mesmo que a situação tivesse ficado resolvida a tempo de os turnos intermédios recomeçarem a trabalhar. Recomendámos que o sindicato abandonasse esta prática, de modo a reduzir os custos para ambas as partes de quaisquer greves.

Em suma, estávamos a tentar mudar o processo grevista existente, de modo a fomentar negociações tendentes a resolver os problemas. Estávamos a criar uma via de retorno às negociações e a tentar sensibilizar os dirigentes sindicais e os mineiros para a sua utilização. Esperávamos que estas alterações reduzissem a necessidade de os mineiros recorrerem à greve, oferecendo-lhes uma alternativa menos dispendiosa. E se os mineiros quisessem fazer greve, procurávamos reduzir os custos da mesma.

Motivar as partes a utilizarem os novos procedimentos. Além da motivação para se utilizarem os procedimentos individuais, tentámos incentivar também a adopção do programa de mudança na globalidade. Todos demonstravam interesse em evitar futuras suspensões dos contratos de trabalho e em impedir o encerramento da mina. Sugerimos que os dirigentes da empresa e do sindicato revelassem claramente aos mineiros a gravidade da situação. Mais greves tornariam a mina cada vez menos produtiva, conduzindo a *layoffs* adicionais e, por fim, ao encerramento da mesma. Por outro lado, recomendámos igualmente à direcção que anunciasse que, caso as greves terminassem, o aumento da produtividade permitiria readmitir os mineiros cujos contratos de trabalho haviam sido suspensos.

A atitude recíproca das partes constitui outro elemento de motivação. Não fizemos recomendações de formação que afectassem directamente estas atitudes, porque estávamos convencidos de que, com o tempo, a experiência positiva da resolução dos problemas por via negocial iria permitir essa mudança. Ainda assim, pensámos que seria bom se a direcção promovesse uma maior união entre os mineiros e as chefias através, por exemplo, da criação de equipas desportivas da empresa. Na altura, tínhamos a percepção de que a direcção contrariava activamente estas iniciativas.

Providenciar as competências e recursos necessários. Era improvável que as alterações funcionassem, a menos que as partes que lidavam com os conflitos possuíssem formação na área da resolução dos problemas por via negocial. Os principais intervenientes precisavam de acompanhamento e formação. Propusemos que Ury permanecesse na mina durante o Verão, a fim de os ajudar a aperfeiçoar as suas competências negociais e comunicativas. Todavia, devido a um conflito interpessoal, existente, melhorar as competências talvez não fosse suficiente. As duas pessoas directamente responsáveis por tratar dos conflitos eram Kilgore, o chefe das operações subterrâneas, e Ratliff, o presidente do sindicato local. Tendo em conta o seu conhecido antagonismo pessoal e as suas personalidades agressivas, encarávamos com cepticismo a hipótese de eles serem alguma vez capazes, mesmo com acompanhamento e formação, de participar em negociações que visam a resolução dos problemas.

Não parecia plausível afastar qualquer um destes homens. Não era realista recomendar a destituição do presidente do sindicato. Nem tínhamos a certeza de que despedir Kilgore, como muitos desejavam, fosse uma boa ideia. Embora Kilgore tivesse dificuldade em lidar com as pessoas, parecia ser um excelente encarregado. Além do mais, se a empresa o despedisse, podia desacreditar os seus colegas e permitir que os mineiros se convencessem de que podiam livrar-se de qualquer chefe de quem não gostassem. Em vez de retirar qualquer um destes homens do seu cargo, tentámos afastá-los gradualmente do processo de resolução dos conflitos. Tentaríamos que tanto Kilgore como Ratliff deixassem de participar directamente no procedimento reivindicativo.

Para assumir as responsabilidades de Kilgore na resolução de conflitos, recomendámos que a direcção contratasse um director de relações laborais a tempo inteiro, tendo por principal atribuição garantir o bom funcionamento dos processos de resolução de conflitos. Sugerimos que ele estivesse disponível, 24 horas por dia se necessário, para ouvir quaisquer reclamações. A sua primeira abordagem de qualquer conflito deveria ser a negociação que visa a resolução dos problemas. Colocando-o numa posição hierárquica igual à do chefe das operações subterrâneas, a direcção iria, simultaneamente, permitir-lhe exercer a sua função e dar um sinal claro aos mineiros de que as boas relações laborais eram uma das prioridades da empresa.

Criar um novo cargo na mina e contratar uma pessoa para exercê-lo é um exemplo de como disponibilizar os recursos necessários à utilização de novos procedimentos. Para substituir Ratliff no processo de resolução conflitual, propusemos os membros da comissão sindical, que tinham sido eleitos. Aconselhámos vivamente estes elementos a incentivarem os mineiros a verbalizar as suas reclamações em vez de desistirem delas e recomendámos que estivessem disponíveis no final de cada turno para ouvir eventuais problemas e ensinar-lhes a forma de discutir os problemas com a direcção.

Em suma, as nossas sugestões incluíam alterações processuais para promover negociações baseadas nos interesses, bem como medidas para fortalecer a motivação, as competências e os recursos necessários ao funcionamento dos novos procedimentos.

NEGOCIAR AS MUDANÇAS

NÃO RECOMENDE MUDANÇAS, NEGOCEIE-AS

Depois de estudarmos a situação, as partes esperavam que fizéssemos recomendações. Queriam saber o que estava errado, quem estava errado e o que deviam fazer. Esperavam que agíssemos como árbitros, com a diferença de que a nossa decisão não seria vinculativa.

No entanto, considerámos que ainda não era altura de fazer recomendações definitivas. Por um lado, queríamos tirar partido do entendimento de que as partes tinham da sua situação. Preocupava-nos igualmente que os dirigentes da empresa e do sindicato pudessem ignorar as nossas recomendações, devido aos nossos escassos contactos com a mina. Além do mais, para que as mudanças propostas fossem eficazmente implementadas, deveriam ser encaradas como ideias próprias das partes. Concluímos que o nosso papel passava por persuadir as partes a adoptarem as ideias, o que implicava uma intervenção a longo prazo, em estreita colaboração com ambas, a fim de mediar e implementar um programa de alterações.

Decidimos recorrer ao processo de mediação de texto único descrito no Capítulo 4. Depois de entrevistar cada um dos lados (como acabáramos de fazer) esboçaríamos um texto de possíveis acções. Ao apresentá-lo como uma base para discussão e não como uma recomendação, pediríamos as críticas e sugestões das partes. A partir das suas ideias, reformularíamos o texto, solicitando mais críticas e sugestões. O processo desenrolar-se-ia enquanto achássemos que podíamos melhorar a proposta. Esperávamos que, à medida que o texto fosse incluindo cada vez mais ideias e a terminologia usada pelas partes, estas acabariam por encarar as alterações como suas e não nossas.

Começámos por trabalhar com as partes em separado, desenvolvendo com cada uma práticas que podiam adoptar com proveito. Optámos por esta abordagem não só devido às relações pessoais tensas, mas também porque não queríamos que o processo se transformasse numa negociação em que cada um dos lados esperava concessões do outro, como acontecia nas negociações no âmbito da contratação colectiva. Pensámos que cada uma das partes adoptaria mais facilmente as mudanças se as mesmas não fossem apresentadas como exigências do outro lado.

Deslocámo-nos três vezes à Virgínia Ocidental e ao Kentucky para recolher críticas, melhorias e mais propostas do sindicato e da direcção.

AFERIR AS IDEIAS

Deslocámo-nos a Charleston, na Virgínia Ocidental, onde nos encontrámos com alguns dirigentes de topo da empresa. Principiámos por falar de Kilgore, o chefe das operações subterrâneas. Referimos expressamente que não recomendávamos nem o seu despedimento nem a sua transferência. Ao ouvir isto, os membros da direcção descontraíram-se e escutaram com maior receptividade as sugestões seguintes. Em seguida, apresentámos um anteprojecto de eventuais atitudes a adoptar pela direcção. Antes de apresentar cada sugestão, debatíamos o problema que a mesma visava resolver. Propusemo-las como hipóteses de desenvolvimento e não como recomendações de carácter definitivo. Queríamos provocar uma reacção.

No geral, a reunião correu sem sobressaltos. Quase todos reagiram favoravelmente à ideia de contratar um director de recursos humanos a tempo inteiro. A excepção foi Williams, o administrador operacional, que declarou que a empresa há muito agia com indulgência. Ele pretendia que Kilgore assumisse plena responsabilidade pelas relações laborais durante três meses, a fim de incutir algum bom senso nos mineiros. Sexton, o responsável máximo pelos recursos humanos, parecia satisfeito por ter apoio externo à abordagem amigável por ele assumida no âmbito da sua controvérsia latente com Williams. Thacker, o director da mina, mantinha-se na defensiva. Repetiu várias vezes que já tentara implementar as acções sugeridas - o que, paradoxalmente, tornou mais fácil a aceitação das sugestões.

No dia seguinte, levámos o texto único que elaborámos para uma reunião com os delegados sindicais na sede distrital. Tal como fizéramos com a direcção, apresentámos uma eventual acção de cada vez e pedimos que a criticassem. A sugestão mais controversa dizia respeito aos novos processos de negociação e de votação pré-greve. Dissemos que ainda não tínhamos discutido com a direcção a possibilidade de um acordo no sentido de não sujeitar os mineiros que participassem numa greve selvagem a qualquer sanção, mas que o faríamos. Numa conversa particular com Goldberg e Ratliff, este concordou em deixar de ter um papel activo no processo reivindicativo. Com Kilgore e Ratliff fora do processo formal, esperávamos que fosse mais fácil iniciar negociações tendentes a resolver os problemas.

UMA SEGUNDA VOLTA

Decorridas duas semanas, a direcção e o sindicato responderam favoravelmente às nossas propostas. Os assuntos cruciais a resolver eram, para o sindicato, o processo pré-greve e, para a direcção, as garantias de imunidade para os delegados sindicais e os grevistas.

Entretanto, na mina os acontecimentos sucediam-se em catadupa. Os mineiros fizeram uma greve de cinco dias no início de Maio por causa do despedimento de um mineiro acusado de furto. Os dirigentes sindicais locais foram à mina à meia-noite e tentaram demover os trabalhadores de fazer greve, mas não conseguiram. A direcção levou o sindicato local a tribunal. O juiz federal ordenou ao sindicato que obrigasse os mineiros a regressar ao trabalho no prazo de 48 horas ou então, afirmou, poderia mandar todo o sindicato local para a cadeia. Os mineiros regressaram ao trabalho antes de terminar o prazo. Passada uma semana, o juiz encontrou-se com Sam Church, então presidente do United Mine Workers, e com Harrison Combs, o seu consultor jurídico, para debater a deterioração da situação. Os dirigentes sindicais informaram o juiz dos nossos esforços. Ansioso por uma solução extra-judicial, o juiz apoiou-nos entusiasticamente.

Alguns dias mais tarde, regressámos a Charleston, a fim de nos encontrarmos de novo com os membros da direcção. Discutimos diversas alterações de menor importância e, a seguir, levantámos a questão altamente sensível do processo grevista. Um dos problemas fundamentais da greve nacional dos trabalhadores das minas de carvão de 1977-78 fora a incerteza quanto ao direito dos sindicatos locais a fazer greve durante a vigência do contrato se a maioria das secções locais votasse a favor. O UMWA pretendia que este direito fosse incluído no contrato de trabalho. Os proprietários das minas tinham-se oposto e acabaram por vencer. Agora, embora a nossa posição fosse diferente, estávamos a pedir à direcção de Caney Creek que concedesse ao sindicato local o direito à greve que fora negado ao UMWA.

Apresentámos a proposta como meio de impedir as greves. Os grevistas só não sofreriam consequências disciplinares se a greve fosse antecedida de uma reunião entre os dirigentes sindicais e patronais, além de uma reunião do sindicato com os mineiros, onde estes votariam. Se a maioria votasse a favor da greve, a direcção não teria autoridade para castigar os grevistas. Se a maioria votasse contra a greve, os mineiros trabalhariam ainda que uma minoria fizesse greve. A minoria que fizesse greve após a maioria ter votado o contrário não sofreria sanções disciplinares, desde que regressasse ao trabalho no prazo de 24 horas. Assim nos havia dito o sindicato local, ou seja, que a maioria podia trabalhar sem receio de que a minoria grevista fosse penalizada. Além do mais, tinham-nos garantido que, se a minoria verificasse que a greve não atraía outros mineiros, regressaria ao trabalho no prazo de 24 horas, ficando deste modo a salvo de um processo disciplinar.

As sanções judiciais constituíam outro obstáculo. Se os dirigentes sindicais receassem sanções judiciais era provável que não comparecessem à reunião pré-greve. Como afirmámos à direcção, a presença deles era imprescindível para garantir que a reunião fosse conduzida de modo responsável e democrático. Por isso, sugerimos que a empresa prometesse também não utilizar a presença dos chefes nesta reunião para requerer sanções judiciais contra eles. Ao explicar as nossas recomendações, perguntámos: "O que têm a perder? De qualquer modo, os mineiros têm feito greve. Vocês não querem que eles voltem a ser presos. Se esta medida contribuir para impedir mais greves, porque não tentar?" Os directores acabaram por concordar em dar as garantias necessárias numa base experimental.

Nestas negociações, não éramos apenas mediadores mas também arquitectos e advogados de um determinado processo. Foi necessário conjugar papéis muito diferentes.

CHEGAR A ACORDO

Após o nosso regresso a Boston, redigimos uma nova versão das propostas. Tentámos formular a maioria das alterações como acções independentes e unilaterais de uma das partes e não como acordos, de modo a realçar que estes eram passos com mérito próprio e não concessões negociadas. Queríamos igualmente impedir que o programa desmoronasse se uma das partes não conseguisse acompanhar as novas políticas. Apresentámos as propostas em quatro documentos: um memorando interno do presidente da empresa para a direcção de Caney Creek pormenorizando as novas práticas e políticas laborais, uma declaração das novas políticas por parte da direcção para os mineiros, um acordo entre a direcção e o sindicato local sobre o processo grevista e uma declaração de política do sindicato para a direcção da empresa.

Em meados de Junho, levámos os documentos para Caney Creek. Começámos por rever a minuta da declaração sindical e do acordo firmado entre o sindicato e a direcção com os representantes sindicais, que concordaram, com considerável entusiasmo, em aprovar ambos os documentos. Na manhã seguinte, encontrámo-nos com a direcção da mina e com os principais dirigentes da empresa, a fim de debater a minuta da declaração da direcção e do processo grevista. Houve poucos problemas, uma vez que os assuntos tinham sido bem trabalhados anteriormente. Naquela tarde, duas dúzias de representantes da direcção e do sindicato reuniram-se em Caney Creek. Thacker leu em voz alta a declaração da direcção e Ratliff a do sindicato. Em seguida, cada um leu a sua metade do acordo. Todos pareciam satisfeitos. Tanto Ratliff como Sexton manifestaram o entendimento de que, caso este acordo funcionasse em Caney Creek, uma nova regulamentação sobre a greve poderia ser incluída no contrato colectivo a nível nacional que viesse a ser celebrado. Os líderes do distrito sindical exprimiram forte apoio ao acordo e, em privado, manifestaram surpresa pela generosidade da direcção.

Ratliff e o presidente distrital assinaram o acordo em nome do sindicato e o presidente da empresa e Thacker assinaram pela direcção. Tirámos fotografias. O ambiente era semelhante ao da assinatura de um tratado de paz. Os participantes disseram que se sentiam a fazer história na indústria do carvão.

IMPLEMENTAÇÃO DAS MUDANÇAS

O VOTO DE RATIFICAÇÃO

A direcção e o sindicato ainda precisavam de apresentar os novos processos aos encarregados e aos mineiros. No dia seguinte à cerimónia de assinatura, Thacker apresentou e explicou os processos aos encarregados. Apresentou igualmente Ury e explicou que ele passaria o Verão na mina, a fim de ajudar a implementar as mudanças.

Pretendíamos que os mineiros apreendessem os novos processos e se capacitassem de que eles lhes pertenciam, por isso sugerimos que o acordo lhes fosse apresentado para aprovação formal. O sindicato e a direcção concordaram. No dia seguinte ao da cerimónia de assinatura, as declarações e o acordo foram enviados por correio a todos os mineiros. No dia seguinte, Ratliff apresentou Ury aos mineiros e explicou-lhes que ele se encontrava ali para se inteirar da situação e para ajudá-los em tudo o que estivesse ao seu alcance.

No final daquele dia, grande parte do nosso optimismo evaporou-se. Ratliff confidenciou a Ury que estava convencido de que o acordo não passaria. Ele disse que a maioria dos mineiros não acreditava que a direcção se mantivesse fiel à garantia de não castigar um queixoso nem à de não levantar processos disciplinares aos grevistas. Achavam que já tinham sido enganados noutras ocasiões e estavam decididos a não voltar a cair na armadilha. Além do mais, como já não havia greve há cinco semanas, qual era a necessidade daquele acordo?

O próprio apoio de Ratliff ao acordo principiou a enfraquecer quando ele se apercebeu dos sinais de oposição. Começou a levantar dúvidas. Quando Ury o abordou para tentar compreender as preocupações fundamentais dos mineiros e talvez até adiar a ratificação, Ratliff recusou. Ele queria proceder à votação, contar os votos e partir para outra. Parecia estar convencido de ter apoiado um derrotado e querer minimizar os prejuízos.

Semanas mais tarde, Ury percebeu a causa desta reviravolta súbita. Os dirigentes sindicais locais tinham mostrado o acordo ao advogado deles, cuja existência nunca nos fora revelada. O advogado levantara três objecções: (1) assinar um acordo local constituía um precedente indesejável; (2) a empresa podia, apesar das garantias escritas, exercer sanções judicias contra os dirigentes sindicais devido às reuniões de pré-greve; e (3) a promessa da empresa de não levantar processos disciplinares contra os grevistas poderia não ter valor em tribunal. Além do mais, ele interpretou mal a promessa da empresa, como se fosse preciso esperar apenas 24 horas antes de levantar um processo disciplinar a um mineiro. De facto, a cláusula significava que ninguém podia ser punido por fazer greve – mesmo depois de a maioria ter votado contra – desde que regressasse ao trabalho num período de 24 horas.

Na terceira semana de Junho, os mineiros votaram pela rejeição do acordo por uma maioria de 144 votos contra 23. Era um voto de desconfiança na direcção da empresa, na direcção do sindicato e talvez também em nós.

Porque é que os mineiros rejeitaram esmagadoramente o acordo negociado com tanto esmero? Após reflectirmos, pareceu-nos clara a concorrência de quatro factores.

Primeiro, os mineiros das comissões de base continuavam a desconfiar da direcção. Não acreditavam pura e simplesmente que esta cumprisse as suas promessas. A nossa intervenção não tinha, até então, conseguido abalar essa desconfiança. Tomámos consciência de que pode ser necessária uma mudança de atitude para que as pessoas adoptem novos procedimentos. Antes de pedirmos a ratificação, talvez devêssemos ter deixado os mineiros experimentar os novos procedimentos e verificar por si próprios que a direcção cumpria as suas promessas.

Segundo, ao contrário da direcção do sindicato, os mineiros das comissões de base não tinham participado na elaboração do acordo. As chefias não os tinham consultado durante o processo. Embora os novos procedimentos lhes dessem mais representatividade e controlo na resolução dos conflitos, os mineiros não tinham tido representação nem controlo no processo do acordo propriamente dito. Ironicamente, o acordo naufragara devido ao problema que se propunha resolver.

Terceiro, o acordo era entendido como uma adenda ao contrato colectivo nacional. Na cultura das minas de carvão, o contrato era quase tão venerado como a Bíblia e fazer-lhe uma adenda era adulterá-lo. Muitos mineiros anunciaram simplesmente: "O contrato chega-me perfeitamente!".

Por fim, a censura do acordo por parte do advogado do sindicato local enfraqueceu o entusiasmo dos dirigentes sindicais e poderá tê-los demovido de tentar dissipar o cepticismo dos mineiros. O advogado poderá ter ficado aborrecido por ter sido excluído do processo de reformulação do sistema de resolução de conflitos. Além do mais, as alterações do procedimento implicavam que o seu papel iria ser menos relevante.

O voto de ratificação fizera-nos compreender a importância de identificar possíveis opositores à mudança e de descobrir a maneira de os envolver no processo ou, na impossibilidade de o fazer, de neutralizar a sua resistência. Esta tarefa é crucial para a concepção de sistemas de resolução de conflitos. A votação colocou em dúvida o programa de mudança e obrigou-nos a reavaliar a nossa estratégia.

REAVALIAÇÃO E APERFEIÇOAMENTO

No dia a seguir à votação, Ury foi a casa de Ratliff e conversou com ele sobre o seu evidente afastamento do acordo. Ratliff explicou-lhe que os mineiros o tinham rejeitado porque consideravam imprudente qualquer acordo com a direcção, diferente do contrato colectivo nacional. Mas acrescentou que o acordo ainda podia ser implementado informalmente. Se houvesse, por exemplo, uma ameaça de greve, ele teria uma reunião com a direcção e organizaria um debate com os mineiros. Além do mais, ele e outros dirigentes sindicais continuariam a trabalhar mesmo que houvesse greve.

A direcção aceitou igualmente a ideia da implementação informal. Sexton, o responsável pelos recursos humanos da empresa, disse que esta honraria os seus compromissos. Por isso, após o choque sentido com a rejeição do acordo por parte dos mineiros, parecia que o programa de alterações continuaria conforme planeado. A única excepção era que o procedimento de pré-greve não constituiria um acordo escrito, mas sim um *modus vivendi* ao qual ambos os lados procurariam aderir.

CONSOLIDAÇÃO DO PAPEL DE URY

Face ao nível de desconfiança existente na mina, a princípio nem a direcção nem o sindicato local confiavam em Ury. O maior obstáculo à sua credibilidade eram os mineiros das comissões de base, dado que a sua educação e classe social o colocavam mais próximo da direcção do que do sindicato. Para tentar vencer a desconfiança dos mineiros e aprender o máximo possível sobre a mina, Ury pediu para descer aos subterrâneos. Envergou as roupas de trabalho de um mineiro e recebeu instruções sobre segurança. Os mineiros usavam capacetes de segurança pretos, mas o Ury pediu um verde para vincar a sua neutralidade. Passou três dias consecutivos na mina de carvão em turnos diários e nocturnos, numa tentativa de conhecer todos os mineiros.

Também mudou todos os seus pertences do cacifo da direcção para o vestiário dos mineiros, tendo em vista um duplo objectivo: identificar-se com os mineiros e ter uma desculpa para estar no local em que decorria a maior parte da interacção entre eles. A sua entrada não foi desprovida de incidentes. Ao vê-lo, um dos mineiros declarou abertamente: "O que é que ele está aqui a fazer? Vamos enforcá-lo!"

De um modo geral, porém, os mineiros e os encarregados reagiram favoravelmente à descida de Ury aos corredores da mina. Agradavelmente surpreendidos pelo interesse que ele revelara pelo trabalho deles, os mineiros ensinaram-no a manobrar as máquinas extractivas e falaram-lhe do seu trabalho. Alguns mineiros insistiram em sujeitá--lo à iniciação mineira da "depilação", um ritual em que um grupo de mineiros corta à força alguns pelos púbicos enquanto o iniciado se debate. O boato de que ele tinha sido "depilado" espalhou-se rapidamente entre os outros mineiros, produzindo uma mudança de atitude e comentários do tipo: "Agora já é um mineiro a sério. É um dos nossos!"

Ury também passou algum tempo com os encarregados e com os directores, informando-se sobre as suas funções e as operações da mina. Ele queria não apenas aprender o máximo que conseguisse, mas também demonstrar que se interessava tanto pelas preocupações da direcção como pelas dos mineiros.

Ury começou a construir uma relação pessoal com Ratliff e Thacker. Almoçou com Ratliff, jogou *snooker* com ele, foi apresentado à mulher e aos filhos, praticou tiro e passou a noite numa pescaria com ele e com outros dirigentes sindicais. Jantou também com Thacker e com a família e foi convidado para a festa dos anos do filho. Ele queria conquistar a confiança de ambos os líderes e cultivar o relacionamento pessoal que lhe permitiria responder-lhes com toda a franqueza sem que eles se sentissem ofendidos.

IMPLEMENTAÇÃO INFORMAL DOS PROCESSOS

Apesar de os mineiros terem rejeitado o acordo sobre a greve, o sindicato e a direcção começaram a implementar a maioria das alterações com as quais se tinham comprometido. A direcção contratou um director de recursos humanos a tempo inteiro, com autoridade para resolver as reclamações e garantir que um dos membros da comissão sindical da mina estaria presente sempre que se discutisse uma suspensão. O sindicato elaborou uma escala de modo a que um dos delegados sindicais estivesse presente em cada mudança de turno, a fim de discutir as reclamações. Além do mais, a direcção começou a reunir com os dirigentes sindicais antes de tomar medidas controversas e até decidiu aconselhar-se com os mineiros de base sobre algumas questões problemáticas.

A mudança que melhor ilustra a atitude da empresa foi a adopção de uma política de ameaça de bomba. Na segunda semana da estadia de Ury, um telefonema anónimo anunciou que fora colocada uma bomba na mina, a qual estava programada para explodir na mudança de turno. A direcção informou os mineiros que iam entrar de serviço desta ameaça e 37 dos 44 preferiram não trabalhar, perdendo assim o salário desse turno. Ury sugeriu a Thacker que pedisse a opinião dos mineiros, porque eles também estavam interessados em evitar ameaças de bomba que os impedissem de trabalhar. Thacker fê-lo quando uma segunda ameaça de bomba surgiu, alguns dias mais tarde. Um dos mineiros sugeriu que passassem a gravação que a direcção fizera da ameaça. Ele concordou, na esperança de que, ainda que os mineiros não identificassem a voz perante a direcção, poderiam resolver o assunto entre eles. Dessa vez, ao contrário de todas as anteriores ameaças de bomba, quase todos os mineiros trabalharam após a mina ter sido revistada.

Depois de os mineiros participarem na tentativa de solucionar o problema, as ameaças de bomba começaram a perder credibilidade junto deles. Principiaram a encará-las como uma tentativa de impedi-los de trabalhar e de ganhar o seu salário. Naquele Verão, no decorrer de diversas ameaças posteriores, a grande maioria dos mineiros cumpriu os seus turnos.

Foram também realizadas outras alterações planeadas. Conforme acordado, Ratliff e Kilgore renunciaram a intervir nos processos reivindicativos. Tanto os líderes sindicais como os da empresa incitaram os mineiros a exprimir os seus problemas e estes não referiram ter sido alvo de quaisquer represálias posteriores. A direcção cumpriu a promessa de readmitir os mineiros cujos contratos haviam sido suspensos, uma vez que as greves tinham terminado e a produtividade aumentara. Kilgore organizou um piquenique para o sindicato e a direcção, a fim de assinalar o compromisso da direcção em aumentar a convivência social entre mineiros e directores.

Os procedimentos pré-greve foram adoptados na única situação que ameaçou desencadear uma greve naquele Verão. Em vez de fazerem greve, os mineiros mantiveram-se no balneário enquanto Ratliff debatia o problema com Thacker. Ratliff regressou com uma solução proposta pela direcção e os mineiros decidiram cancelar a paralisação.

Em resumo, tal como tinha sido acordado, a direcção e o sindicato aumentaram as oportunidades de negociação baseada nos interesses e implementaram as alterações concebidas para desencadear as reclamações e resolvê-las.

O ESPECIALISTA EM CONCEPÇÃO DE SISTEMAS COMO *COACHING*

Naquele Verão na mina, Ury centrou-se no processo de resolução de conflitos e não nos méritos de cada caso. Não agiu como mediador no sentido habitual do termo. Não agendou reuniões e raramente fez sugestões substantivas. Ajudou, mais exactamente, a implementar os novos procedimentos. Passou todos os dias em que esteve na mina a conversar com a direcção da empresa, com os dirigentes sindicais e com os mineiros. Escutou e identificou reclamações e conflitos emergentes. Certificou-se de que as reuniões decorriam num curto espaço de tempo e que os problemas eram minuciosamente debatidos. Participou em quase todas as reuniões sobre conflitos e incitou energicamente ambas as partes a tentarem resolver os problemas pela via negocial.

O comportamento discreto de Ury é ilustrado num dos primeiros problemas que surgiram. Moses Kinder, um mineiro recentemente readmitido após um *layoff*, queixou-se de que um trabalhador com menos tempo de serviço fora chamado três semanas antes dele. Kinder exigia ser indemnizado pelas três semanas durante as quais lhe fora negado trabalho. Quando abordou o assunto com o seu delegado sindical, este disse-lhe que falasse primeiro com o seu encarregado, tal como os dirigentes sindicais tinham prometido fazer.

Quando Ury se apercebeu da reclamação, falou com Lucas, o novo director de recursos humanos de Caney Creek. Ex-funcionário do sindicato de Harlan County, Lucas chegara apenas há poucos dias mas encontrou-se com Kinder. Ury estava presente, mas limitou o seu papel ao de esclarecer ambas as partes sobre os pontos de vista recíprocos e garantir que o assunto era rapidamente resolvido. Lucas concluiu que a empresa cometera um erro e concordou em pagar a Kinder os dois mil dólares que lhe eram devidos. Anteriormente, era provável que a direcção tivesse contestado esta queixa e a levasse a arbitragem. Ao resolver este caso, Lucas criou uma impressão favorável junto dos mineiros, que passaram a encará-lo como um homem justo e com autoridade para resolver reclamações.

Em certas ocasiões, Ury viu-se forçado a intervir activamente porque os intervenientes tinham o hábito bem arreigado de tratar as etapas negociais como um pró-forma ou como uma oportunidade de reivindicar os seus direitos e de criticar com veemência a parte contrária. Esta atitude foi particularmente evidente na primeira reunião formal que ocorreu durante a sua permanência na mina. Ury considerou extremamente importante que esta reivindicação fosse resolvida a contento de todos, para persuadi-los de que negociar podia dar resultado.

A reivindicação foi apresentada por James Robinette, um electricista do turno da noite colocado na oficina de manutenção situada à superfície. Ele queixara-se de que, nas duas semanas anteriores, fora mandado para o subsolo reparar máquinas durante a noite. Queria que a direcção atribuísse parte dessas reparações ao turno da noite, de modo a que ele pudesse trabalhar algum tempo à superfície. Embora no contrato de trabalho não houvesse fundamentos para a sua reclamação, Robinette considerava injusto – uma violação moral – obrigar um electricista da superfície a trabalhar no subsolo quando havia trabalho a fazer na oficina. A direcção mostrava-se relutante em satisfazer o pedido. Um encarregado da manutenção representou a direcção na Etapa 2 do procedimento reivindicativo. Ele afirmou que haviam surgido problemas de manutenção em número invulgar e que o turno da noite tinha uma taxa de absentismo elevada. Nessas circunstâncias, explicou, a direcção precisava com mais urgência de pessoal de manutenção como Robinette no subsolo, para "apagar fogos", do que à superfície a recuperar maquinaria.

Ury ouviu, esclareceu o problema e fez algumas perguntas. Quando descortinou uma solução apresentou-a às partes. Com poucos custos para a direcção, sugeriu ele, o encarregado de Robinette podia dar-lhe uma lista de tarefas a desempenhar na oficina quando não fosse necessário no subsolo, de modo a que não fosse enviado para o subsolo apenas porque não havia trabalho na oficina. Este acordo satisfaria, de forma justa, o interesse de Robinette de trabalhar parte do tempo à superfície, bem como o interesse da direcção de tê-lo disponível para o imprescindível trabalho no subsolo. Robinette afirmou que a proposta era satisfatória. O encarregado da manutenção começou por se mostrar reticente mas acabou por concordar. Ambos os lados manifestaram um comportamento correcto e satisfação. Anteriormente, o caso ter-se-ia provavelmente arrastado por muito tempo e produzido ressentimentos que poderiam resultar numa greve. Extremamente surpreendido com o desfecho, um dos membros da comissão sindical declarou que era a primeira reivindicação da sua vida que a direcção resolvera na Etapa 2.

Conforme os exemplos revelam, a permanência de Ury na mina teve diversas consequências. A mera presença de um terceiro obriga os litigantes a ter um comportamento mais racional e pressiona-os a chegar a acordo. A presença de Ury também sublinhou a importância de conversar sobre os problemas e representou o empenhamento de cada uma das partes em resolver as divergências com a outra. Ele desempenhou igualmente o papel de símbolo e de chamada de atenção para os novos procedimentos. As conversas frequentes sobre a forma como os conflitos pessoais estavam a ser resolvidos ajudaram-no a demonstrar a importância de solucionar os problemas através da negociação. Sempre que as partes se centravam em quem estava certo ou em quem tinha mais poder, Ury tentava fazê-las regressar aos interesses subjacentes.

Além deste acompanhamento, Ury ministrou um *workshop* sobre resolução de problemas por via negocial a um grupo de 15 funcionários do sindicato e da direcção. A formação conjunta principiou com um debate sobre os pontos de vista do sindicato e da direcção sobre o conflito entre eles. Em seguida, Ury envolveu os participantes num exercício de confiança que representou o clássico "dilema do prisioneiro". O grupo formou duas equipas, cada qual com membros do sindicato e da direcção. Se ambas cooperassem, ambas venceriam; se nenhuma cooperasse, ambas perderiam. Se uma cooperasse e outra não, a não cooperante ganhava e a cooperante perdia por uma larga margem. Como seria de esperar, uma das equipas disse à outra que iria cooperar e depois atraiçoou-a. (Não deixa de ser interessante o facto de ter sido o presidente do sindicato, Ratliff, a arquitectar a estratégia de traição). Ciente de como é fácil criar um nível elevado de desconfiança, o grupo discutiu ideias práticas para reduzir a desconfiança existente na mina.

Em seguida, Ury fez uma apresentação ao grupo sobre negociação centrada na resolução de problemas. Orientou também exercícios negociais, nos quais os participantes simulavam resolver queixas e greves complexas. Os sindicalistas representaram o papel da direcção e vice-versa. Posteriormente, muitos dos participantes afirmaram que o exercício os ajudara a perceber até que ponto podia ser difícil desempenhar o papel do outro.

Ury não só acompanhou e formou as partes, como também zelou pela implementação dos novos procedimentos. A sua presença levou o sindicato e a direcção locais a tentar resolver os conflitos através da negociação. Ury procurou, por todos estes meios, fortalecer o novo sistema de resolução de conflitos enquanto este ensaiava os primeiros passos vacilantes. Absteve-se de intervir activamente na mediação, com receio de tornar as partes dependentes dele. Tal como um edifício necessita de se manter por si próprio após remoção das escoras temporárias, também os novos procedimentos precisavam de manter-se em aplicação após a sua partida.

ALTERAÇÕES AO SISTEMA DE RESOLUÇÃO DE CONFLITOS DA MINA

Durante o Verão de 1980, o pessoal da mina resolveu os seus conflitos de forma diametralmente oposta à dos dois anos anteriores. Não houve greves, embora se tenham registado duas ameaças. Nem houve um aumento correspondente do número de reivindicações formais. O sindicato apresentou apenas três queixas formais, todas relacionadas com ofertas de emprego, que foram resolvidas na Etapa 2, não tendo nenhuma delas evoluído para a Etapa 3 ou para arbitragem. Em vez de discutir violentamente sobre direitos contratuais, as partes começaram a discutir as ideias de cada uma, a escutar, a centrar-se nos interesses subjacentes e a promover um clima de diálogo. A negociação baseada nos interesses tornou-se prática comum.

É de notar que a mudança não derivou de uma política de apaziguamento por parte da direcção. Thacker, por exemplo, manteve a sua posição numa questão relacionada com a atribuição de tarefas e persuadiu o sindicato local de que o caso não tinha qualquer hipótese. Noutra ocasião, suspendeu um mineiro por absentismo e convenceu-o, bem como ao membro da comissão sindical presente, de que o castigo era justo.

Os mineiros estavam agora dispostos a dar o benefício da dúvida à direcção e aos seus dirigentes sindicais em potenciais situações de greve. Após uma ameaça de greve, o presidente do sindicato, Ratliff, confidenciou a Ury: "Tenho de lhe confessar que há uma coisa que me entusiasma nisto [o programa de mudanças]. Ontem de manhã [durante a ameaça de greve], todos os homens me escutaram. Prestaram atenção ao que eu tinha para lhes dizer e decidiram dar-me uma oportunidade."

DESPEDIDA

Na primeira semana de Agosto, os mineiros abeiravam-se com frequência de Ury para reclamar. Ele escutava-os atentamente, dizia-lhes que ia ver o que se passava e encaminhava-os para o responsável competente do sindicato ou da empresa. Em vez de intervir directamente, ele estava a tentar abrir um canal para as reclamações, que se mantivesse após a sua partida. Queria começar a reduzir a dependência que tinham dele.

Na terceira semana de Agosto terminava a missão de Ury. Teve uma reunião com a comissão de comunicações da mina, a fim de debater a sua análise e recomendações. Discursou igualmente perante os três turnos, realçando que a responsabilidade dos problemas ocorridos na mina se devia não a quaisquer desordeiros, mas sim à falta de comunicação e a um fraco empenhamento na resolução dos problemas pela via negocial. Felicitou os mineiros e os encarregados pela melhoria das relações laborais e exprimiu a forte convicção de que nenhum dos lados estava a tentar aproveitar-se do outro.

A estadia de Ury terminou com o primeiro piquenique de Caney Creek, patrocinado conjuntamente pelo sindicato e pela empresa. No decorrer das festividades e dos desportos, um dos encarregados e a sua banda tocaram música *bluegrass* e *country*. Estiveram presentes quase todos os principais dirigentes do sindicato e da empresa.

AVALIAÇÃO DOS RESULTADOS

OS NOVOS PROCEDIMENTOS FUNCIONARAM?

Como era previsível, face ao contexto estrutural existente entre a direcção e os trabalhadores, continuou a haver conflitos em Caney Creek. Mas o sistema de resolução alterou-se significativamente e assim se manteve durante os oito anos que se seguiram ao nosso projecto.

No ano seguinte ao da reforma do sistema de resolução de conflitos, quer o sindicato quer a direcção referiram progressos substanciais. O nível de negociações baseadas nos interesses manteve-se elevado e os mineiros declararam que tinham verbalizado os seus problemas com maior frequência e que a direcção mostrara mais empenho em resolvê-los. Aumentou o nível de satisfação com os desfechos. Ambos os lados referiram uma melhoria considerável nas suas relações laborais. A mina funcionou mais de 11 meses seguidos sem uma única greve e a ameaça de encerramento dissipou-se.

Ocorreram duas pseudogreves, uma em Setembro de 1980 e a outra em Janeiro de 1981. Em ambos os casos, os mineiros permaneceram no balneário e recusaram-se a trabalhar. Os dirigentes sindicais reuniram-se com a direcção para debater o problema e, quando este ficou resolvido, os mineiros regressaram ao trabalho. Estavam, na verdade, a seguir o processo de negociação pré-greve especificado no acordo original, o que também constitui, de certa forma, um progresso.

Após quase um ano sem greves, estas recomeçaram. Houve duas em Março de 1981, ambas relacionadas directamente com as negociações do contrato colectivo nacional, que decorriam entretanto. Registaram-se mais seis entre Julho de 1981 e Maio de 1982. As causas incluíram um *layoff*, a eliminação de um posto de trabalho cobiçado e um encarregado que recebeu uma sanção ligeira depois de ter agredido um mineiro. Ao contrário de muitos dos problemas que anteriormente tinham dado origem a greves, estes eram considerados relevantes quer para o sindicato quer para a direcção, que os consideravam como uma melhoria relativamente à situação anterior.

As greves esporádicas continuaram durante a vigência do contrato de 1984. Nos três anos e quatro meses em que este vigorou, a mina registou cinco greves, em média uma de oito em oito meses. Embora não ideal, era uma situação normal na indústria do carvão daquela época. Os problemas que desencadeavam greves continuavam a ser considerados relevantes. Não houve ameaças de greve nem ameaças de bomba. A empresa continuou a evitar o recurso ao tribunal. Segundo as palavras de Lucas, o director dos recursos humanos da mina: "No tribunal nada fica verdadeiramente resolvido. Continua a ser necessário regressar à mina para arranjar uma solução."[7]

A direcção seguiu uma prática de consulta e análise de cada reivindicação, quer a mesma se encontrasse contemplada contratualmente ou não. "Quando falamos sobre reivindicações, consideramos o aspecto humano, independentemente de estarmos contratualmente obrigados a fazê-lo ou não", afirmou Lucas.[8] Ele apresentou como exemplo a prática empresarial de afixar avisos de vagas temporárias, o que não é obrigatório, bem como a prática continuada de formar mineiros do subsolo em tarefas da superfície, de modo a que, quando surgisse a oportunidade, eles pudessem concorrer. O registo de reivindicações da segunda metade de 1987 foi especialmente impressionante, com apenas três queixas escritas, que foram todas resolvidas na Etapa 2.

É evidente que o esforço de conceber um sistema de resolução de conflitos imprimiu uma profunda alteração nos métodos adoptados em Caney Creek. A resolução de conflitos consumiu menos tempo e dinheiro, as relações laborais melhoraram e os acordos obtidos foram mais satisfatórios para ambas as partes. Desde então, tem havido altos e baixos no relacionamento, mas a resolução dos conflitos tem-se mantido mais económica do que anteriormente. Segundo o comentário que nos foi feito por um representante sindical no princípio de 1988: "A situação mudou 98 por cento depois de lá terem estado. Até àquela altura, tudo era motivo para se fazer greve. Agora, não há mais greves do que nas outras minas. E quando há, duram apenas um dia e não uma semana como de costume. Conseguiram tornar as coisas realmente diferentes."[9]

PORQUE FUNCIONARAM OS NOVOS PROCESSOS?

Qual a explicação para o sucesso de Caney Creek? Dois factores foram realmente determinantes. Primeiro, estavam reunidas as condições para a mudança. A mina sofrera uma experiência destrutiva e, pior, ameaçava encerrar. Aqui estava a motivação para tentar novos procedimentos. Além do mais, conforme diversos colaboradores da empresa e do sindicato nos tinham referido, não era invulgar que no arranque de muitas minas houvesse um período que eles denominavam de "ajustamento"; na nossa terminologia, ocorria um número elevado de confrontos de direitos e de poder, até o equilibro entre estas duas forças se tornar suficientemente claro. Depois disso, os conflitos diminuíam de frequência e tornavam-se mais fáceis de resolver. Embora a situação em Caney Creek se tivesse prolongado por mais tempo e com mais intensidade, alguns dirigentes do sindicato e da empresa especulavam que, na altura da nossa intervenção, o processo estava a chegar ao ponto de "ajustamento".

O segundo factor mais importante a influenciar a reviravolta foi o esforço que desenvolvemos na concepção do sistema de resolução de conflitos. Aperfeiçoámos os procedimentos, dando especial ênfase ao aumento da motivação, das competências e dos recursos das negociações centradas nos interesses. Quando um procedimento reivindicativo baseado nos direitos não podia satisfazer as funções desempenhadas pela greve selvagem – tratar questões não estritamente jurídicas, mas de carácter moral e por imperativos de justiça, proporcionar uma sensação de controlo sobre o resultado – as negociações baseadas nos interesses revelavam essa possibilidade. Neste caso, os custos eram muito inferiores aos de uma greve. Tentámos igualmente construir um processo pré-greve que fomentasse as negociações antes da greve e, caso estas falhassem, pelo menos encurtasse a sua duração. Em suma, tentámos desviar o enfoque do poder e dos direitos para os interesses.

Além do nosso projecto, o processo, ou seja, a forma como lidávamos com as partes, era essencial. Desde o início, envolvemos os principais intervenientes no diagnóstico e na concepção, não só para aproveitar as ideias e conhecimentos valiosos que possuíam, mas também para organizar apoios para a mudança e para diluir a oposição. O nosso trabalho de acompanhamento da implementação foi também essencial. Convencemos os litigantes a experimentar os novos procedimentos e ajudámo-los a obter as competências indispensáveis para resolver eficazmente os problemas pela via negocial.

Enquanto trabalhávamos em Caney Creek, Goldberg arquitectava um procedimento de mediação que pretendia implementar em toda a indústria do carvão. Em boa parte devido à nossa experiência em Caney Creek, Goldberg estava convencido de que a mediação baseada nos interesses podia ser menos dispendiosa do que a arbitragem e capaz de pôr a descoberto e resolver os verdadeiros problemas subjacentes às reivindicações. Esta era a oportunidade de alterar o sistema de resolução de conflitos não apenas numa mina, mas em toda uma indústria. Descrevemos esta iniciativa no próximo capítulo.

CAPÍTULO 7

Redução dos Custos dos Conflitos numa Indústria

O PROGRAMA DE MEDIAÇÃO
DE REIVINDICAÇÕES CONTRATUAIS

Nos finais de 1979, Goldberg, que há mais de dez anos era árbitro na indústria do carvão, sentia-se cada vez mais frustrado com o número e tipo de casos que era chamado a resolver. Muitos deles apresentavam questões em que o contrato era claro e a decisão óbvia. Por que razão, interrogava-se ele, tais casos eram submetidos à arbitragem com tanta frequência? Outro grupo de casos que o surpreendia eram aqueles em que os custos da arbitragem para a empresa e para o sindicato excediam o montante em discussão e que não envolviam qualquer problema significativo de interpretação contratual. Por exemplo, em muitos dos processos submetidos a arbitragem, um mineiro queixava-se de que outro trabalhador tinha realizado o trabalho de domingo que lhe deveria ter sido atribuído na escala de serviço. Se a decisão fosse favorável ao queixoso, este ganharia cerca de 150 dólares, ao passo que os custos da arbitragem para a empresa e o sindicato eram pelo menos três vezes superiores. E não se tratava de estabelecer qualquer precedente significativo, uma vez que as normas de distribuição do trabalho dominical se encontravam previstas no contrato desde 1971,[1] tendo sido objecto de centenas de pareceres arbitrais. No entanto, Goldberg era constantemente confrontado com casos deste teor.

A experiência de Goldberg não era única. Em meados da década de 70, a arbitragem era utilizada com muito mais frequência na indústria do carvão do que em qualquer outra. Entre 1974 e 1977,[2] haviam sido submetidos a arbitragem mais de oito mil casos. Neste período, só os honorários dos árbitros tinham excedido dois milhões de dólares, havendo ainda a acrescentar os custos decorrentes do tempo de trabalho perdido dos envolvidos no processo, bem como várias despesas acessórias – deslocações, transcrições de audiências, reprodução de documentos, etc. Ao todo, os custos da arbitragem na indústria do carvão eram, sem dúvida, superiores a um milhão de dólares por ano.

Os custos representavam apenas parte do problema. A recorrência era habitual; basicamente, o mesmo caso era, múltiplas vezes, submetido a arbitragem. O sistema sobrecarregado tornava-se lento. Tal como no sistema judicial, os resultados implicavam um vencedor e um vencido e as hipóteses de ganhos comuns eram reduzidas. Uma vasta maioria dos casos terminava com a derrota do sindicato, o que contribuía para o descontentamento dos mineiros em relação à arbitragem. Por outro lado, o número de casos perdidos pela entidade patronal levava-a também a queixar-se ocasionalmente da incompetência arbitral. Por último, a arbitragem frequente tinha deteriorado as relações entre os parceiros sociais. O desejo de vencer levava, por vezes, um dos lados a fazer afirmações ou acusações ao árbitro que o outro lado considerava injustas, o que por sua vez originava afirmações ou acusações retaliatórias. E mesmo quando isso não acontecia, a batalha do contraditório reduzia a capacidade de uma colaboração construtiva entre as partes.

DIAGNÓSTICO DOS SISTEMAS DE RESOLUÇÃO DE CONFLITOS EXISTENTES

Segundo Goldberg, a elevada preferência do sindicato pela arbitragem não podia ser explicada em termos da superioridade dos respectivos recursos ou competências. De um modo geral, os representantes sindicais eram menos competentes do que os seus congéneres da empresa que habitualmente possuíam mais habilitações convencionais e formação. Os recursos financeiros do sindicato para suportar as dispendiosas batalhas arbitrais não eram superiores aos das grandes empresas carboníferas, que intervinham na maioria dos casos de arbitragem.

Embora existissem outros procedimentos alternativos à arbitragem – as três primeiras etapas do sistema de reivindicações contratuais – poucos casos eram resolvidos a esse nível.[3] Tal como ilustrado pelo estudo das greves selvagens, poucas entidades patronais se esforçavam por resolver as queixas nas Etapas 1 e 2, nomeadamente as que tinham origem em contratos. Se, no entender da empresa, a reivindicação do mineiro não se baseava nos direitos contratualmente consagrados, a mesma passava para a Etapa 3. Caso o mineiro não ficasse satisfeito com os resultados obtidos nesta etapa, o sindicato tinha um poderoso incentivo para submeter a questão a arbitragem. Por um lado, os representantes do UMWA são eleitos pelos membros das delegações locais que servem e, assim, um queixoso poderia fazer ameaças de retaliação política contra um representante que recusasse a arbitragem de um conflito laboral, independentemente dos seus méritos. Por outro lado, à semelhança de outros sindicatos, o UMWA assume para com os seus membros um dever legal de justa representação, que viola se recusar a arbitragem de uma queixa por motivos arbitrários, discriminatórios ou má-fé.[4] Alguns dirigentes do UMWA disseram a Goldberg que o sindicato tinha por política arbitrar casos de relevância diminuta, sempre que a posição contrária pudesse dar origem a uma queixa por violação do dever de justa representação, o que explicava também o elevado número de arbitragens e a interposição de casos de mérito duvidoso.

Os responsáveis pelos recursos humanos da empresa poderiam igualmente sentir-se motivados para arbitrar casos mais simples. Em geral, estes reportam a um director de operações e, caso este entenda que a posição da empresa é contratualmente correcta, poderá insistir para que o assunto seja submetido a arbitragem, mesmo que na opinião do representante laboral as possibilidades de sucesso sejam limitadas.

Nestas circunstâncias (embora na altura Goldberg não pensasse assim), um especialista em concepção de sistemas tinha uma dupla missão: (1) incentivar as partes a centrarem-se nos interesses subjacentes à queixa e à resposta da direcção, aumentando assim a probabilidade de uma solução negociada, e (2) em relação às queixas não resolvidas por negociação, oferecer um procedimento menos dispendioso do que a arbitragem.

CONCEPÇÃO DE UM SISTEMA EFICAZ

CONCEITO INICIAL

A ideia inicial de Goldberg para atingir estes objectivos era um procedimento arbitral consultivo com uma componente de mediação. Ele tinha ficado fascinado com uma experiência realizada por Robben Fleming, conceituado árbitro e professor de Direito, com a colaboração de estudantes de Direito do Trabalho. Fleming forneceu a cada estudante as provas e os argumentos apresentados pelas partes num caso em que tinha sido árbitro, pedindo-lhes para analisarem os elementos facultados e redigirem uma decisão. A decisão dos estudantes correspondeu à de Fleming em 12 de 13 casos de interpretação contratual e em 15 de 23 casos disciplinares e de despedimento.[5] Fleming concluiu que os empregadores e os sindicatos deveriam ponderar o emprego de árbitros inexperientes, uma vez que as decisões eram idênticas às dos seus pares com mais experiência.

Os resultados de Fleming sugeriram uma ideia diferente a Goldberg. Se as decisões de árbitros menos experientes correspondiam frequentemente às dos seus congéneres mais experientes, então um árbitro experiente que examinasse as provas e conhecesse a argumentação seria capaz de prever a decisão tomada por outro árbitro experiente no mesmo caso. Esta probabilidade ganhava mais força na indústria do carvão, na qual, como Goldberg tinha constatado, muitos casos apresentavam questões relativamente simples. Com efeito, ele pensava que, nestas circunstâncias, um árbitro experiente poderia prever com exactidão o resultado após uma brevíssima análise das provas e argumentos relevantes. Esta conclusão levava ao conceito inicial de que, em última análise, se deveria introduzir a mediação. Para reduzir a frequência com que as partes recorriam à arbitragem, que era um processo oneroso, era necessário incluir uma etapa adicional no procedimento reivindicativo. Nesta etapa, que se seguiria à Etapa 3 e antecederia a arbitragem, um árbitro experiente ouviria uma exposição sucinta dos factos e argumentos e informaria as partes do resultado provável se o caso fosse submetido a arbitragem. Esta opinião consultiva e não vinculativa seria transmitida oralmente e de imediato.

A economia seria substancial. O procedimento era tão simples que o árbitro poderia formular três pareceres consultivos por dia. Considerando os emolumentos pagos na altura aos árbitros mais conceituados da indústria carbonífera – cerca de 400 dólares por dia, a que acresciam as despesas de deslocação – o procedimento permitiria resolver casos por aproximadamente 200 dólares, em vez dos cerca de mil então gastos com a arbitragem convencional.

Para além de ser mais rápido e económico do que a arbitragem, este procedimento reduziria também o incentivo de submeter a arbitragem casos de mérito duvidoso ou nulo. Se um árbitro experiente previsse que a empresa iria perder na arbitragem, o representante dos recursos humanos, se estivesse de acordo com esse parecer, poderia persuadir os operacionais a resolver o caso. De igual modo, se o árbitro informasse o queixoso e o sindicato local de que a decisão arbitral lhes seria desfavorável, o peso desse parecer, caso fosse compatível com a opinião do representante sindical, deveria reduzir substancialmente a sua motivação. O queixoso teria tido a sua audiência no tribunal e apenas os mais intrépidos teriam insistido numa segunda audiência. Se isso acontecesse, o sindicato teria motivos para recusar a arbitragem sem receio de infringir o seu dever de justa representação. Face ao parecer consultivo do árbitro de que a decisão seria negativa, a recusa do sindicato não poderia ser classificada de arbitrária, discriminatória ou de má fé.

Goldberg pensou que a abordagem do parecer consultivo era extremamente promissora como forma de reduzir a motivação dos representantes para recorrerem à arbitragem, por razões políticas ou legais. No entanto, reconhecia que o sistema não resolvia satisfatoriamente os casos em que a questão real não era a interpretação do contrato, mas a conciliação dos interesses antagónicos subjacentes à reivindicação. Considerou então que, além de emitir um parecer consultivo, o terceiro imparcial agiria como mediador, procurando ajudar as partes a adoptarem uma negociação baseada nos interesses para resolver quaisquer questões ou problemas subjacentes.

A ideia da mediação foi essencialmente inspirada na própria experiência de Goldberg, o qual, como árbitro, tinha tentado periodicamente resolver reivindicações através desta abordagem, embora com pouco êxito. Contudo, acreditava que o novo procedimento tinha mais hipóteses de funcionar. Por um lado, os participantes nas sessões de arbitragem esperavam uma arbitragem e não uma mediação, não estando assim preparados para negociar um acordo. Os participantes no novo sistema viriam com expectativas diferentes. Por outro lado, os participantes nas sessões de Goldberg poderiam não estar dispostos a revelar os seus interesses subjacentes a uma terceira parte, que seria o árbitro, caso o acordo falhasse. No entanto, se essa terceira parte não possuísse poderes decisórios mas apenas consultivos, a posição dos participantes poderia ser menos reservada.

Na opinião de Goldberg, os esforços de mediação deviam anteceder o parecer consultivo e este apenas devia ser emitido se as negociações fracassassem. Contudo, não estava muito convicto de que a mediação produzisse resultados positivos sem o apoio do parecer consultivo.

EVOLUÇÃO DO CONCEITO: A MEDIAÇÃO COMO AUXILIAR DA NEGOCIAÇÃO BASEADA NOS INTERESSES

Diversos factores levaram Goldberg a privilegiar a componente de mediação no sistema. Ele debateu inicialmente o novo procedimento com inúmeros colegas, no Inverno e na Primavera de 1980. Além de Brett e Ury, outras duas personalidades tiveram uma influência decisiva: James Healy, professor na Harvard Business School, com uma longa experiência como árbitro e mediador, e William Hobgood, então vice-secretário para as relações entre os parceiros sociais do Ministério do Trabalho dos EUA e anteriormente mediador do Serviço Federal de Mediação e Conciliação. Tanto Healy como Hobgood argumentavam de uma forma fundamentada e persuasiva que a mediação podia resolver conflitos aparentemente irredutíveis e pressionaram Goldberg para dar mais relevo a esta vertente. Nomeadamente, Hobgood preconizava o emprego de pessoas com ampla experiência de mediação, como terceiros imparciais, de modo a conseguirem uma solução eficaz. Outro colega, Paul Weiber, professor na Harvard Law School e antigo presidente do Serviço de Emprego de British Columbia, descreveu o êxito de mediação da agência – que resolvia uma média de 71 por cento dos cerca de 600 casos que lhe eram apresentados anualmente. Por sua vez, Goldberg verificou que algumas agências de mediação estaduais dos EUA apresentavam taxas de resolução entre 75 e 88 por cento.[6]

O principal factor que nos levou a privilegiar a mediação foi a nossa própria experiência em Caney Creek. Como pudemos constatar, muitos mineiros preferiam a greve selvagem à arbitragem, porque esta os privava de participar activamente e não abordava os interesses subjacentes às reivindicações. Era muito provável que os mineiros ficassem igualmente descontentes com uma nova etapa do processo reivindicativo que não lhes garantisse maior representatividade do que a arbitragem e consistisse sobretudo numa arbitragem consultiva sobre o contrato. Em contrapartida, ficariam provavelmente mais satisfeitos se o novo procedimento reforçasse os interesses subjacentes às suas queixas. Com efeito, se o conseguissem, poderia até substituir as greves selvagens. Estes argumentos apontavam também para que a mediação ganhasse maior peso.

Todos estes factores determinaram uma alteração substancial do procedimento proposto. Nos finais da Primavera de 1980, Goldberg encarava o sistema essencialmente como uma mediação, na qual o terceiro imparcial ajudaria as partes a atingirem uma solução mutuamente aceitável, sobretudo através de uma negociação baseada nos interesses. O parecer consultivo mantinha-se como uma componente de baixo custo baseada nos direitos, por duas razões. Em primeiro lugar, quando as revindicações envolviam um conflito genuíno sobre interpretação contratual, a opinião de um árbitro experiente poderia contribuir substancialmente para a resolução. E, em segundo lugar, dado que a indústria do carvão não possuía experiência na mediação de conflitos, o novo procedimento teria mais hipóteses de ser adoptado se incluísse um elemento com o qual já estavam familiarizados – uma decisão, embora com mero carácter consultivo, no final do processo.

APERFEIÇOAMENTO DO CONCEITO: A MEDIAÇÃO TAL COMO FOI APRESENTADA À INDÚSTRIA DO CARVÃO

O procedimento proposto à indústria do carvão em Junho de 1980 foi o seguinte: após a Etapa 3 do processo reivindicativo, as partes teriam a opção de submeter os problemas não resolvidos a mediação, em vez de recorrerem directamente à arbitragem. A mediação teria um carácter informal, sendo os factos relevantes apresentados num estilo narrativo, em vez dos interrogatórios e contra-interrogatórios de testemunhas. As regras legais referentes à produção de provas não seriam aplicáveis, nem seria feito qualquer registo/gravação dos autos. As discussões não se limitariam às questões relevantes no âmbito do contrato escrito, podendo as partes invocar qualquer facto ou argumento que considerassem importante.

O mediador seria um árbitro experiente e conceituado, possuindo técnicas e, se possível, experiência de mediação. O seu primeiro esforço consistiria em ajudar as partes a resolverem o diferendo a contento mútuo e, nessa óptica, deveria incentivá-las a considerar não só o contrato escrito, mas também os seus interesses respectivos. Caso um acordo não se afigurasse viável, o mediador emitiria um parecer oral fundamentado sobre o resultado provável de uma arbitragem. Se, mesmo assim, as partes não conseguissem resolver a questão, poderiam recorrer à arbitragem. O mediador não podia intervir como árbitro e nada dito ou feito pelas partes durante a mediação poderia ser usado no processo arbitral.

Tínhamos grandes expectativas em relação ao sucesso deste procedimento. Esperávamos que o mediador conseguisse envolver as partes numa negociação baseada nos interesses e que esta resultasse num acordo satisfatório para ambas. Esperávamos que a recorrência dos conflitos diminuísse. E esperávamos também que a experiência da mediação baseada nos interesses levasse as partes a utilizarem uma abordagem deste tipo nas suas interacções quotidianas, fazendo com que uma percentagem mais elevada de conflitos fosse resolvida por negociação directa, sem greves, arbitragem ou mesmo mediação. Com efeito, até era possível que uma abordagem conjunta de resolução dos conflitos tornasse o relacionamento entre as partes menos antagónico e mais cooperativo.[7]

Apesar de todas estas vantagens teóricas, a mediação comportava alguns riscos. O principal era o de que o sistema não conseguisse resolver as queixas. Se a maioria das queixas mediadas evoluísse para arbitragem, a mediação contribuiria apenas para aumentar os custos e a duração do processo. Poderíamos tentar evitar esse problema, estipulando que, no caso de a mediação não resolver a questão, o mediador assumiria as funções de árbitro, proferindo uma decisão final e vinculativa (o procedimento conhecido por *med-arb*). Mas essa abordagem também implicava os seus riscos. Receávamos que, se o mediador tivesse autoridade para resolver o conflito, cada uma das partes considerasse o procedimento como essencialmente centrado nos direitos e procurasse convencer o mediador da bondade da sua posição, em vez de tentar obter um acordo que satisfizesse os interesses de ambas. Tal facto eliminaria o benefício específico da mediação – obter resultados mutuamente satisfatórios – e o benefício alargado da mesma – formar os participantes em técnicas de resolução de problemas. O conceito de parecer consultivo favorecia, em certa medida, esta tendência, pelo que decidimos não aumentar esse risco permitindo que o mediador proferisse uma decisão final e vinculativa.[8]

Um outro risco era que a disponibilidade de uma mediação pouco dispendiosa desencorajasse os acordos negociados numa fase precoce do processo. Suponhamos, por exemplo, que na Etapa 3 das negociações eram oferecidos a um trabalhador 200 em vez dos 500 dólares que reivindicava para pôr termo ao conflito. Na ausência de mediação, ele poderia aceitar a oferta, dado que a única alternativa, a arbitragem, custaria ao sindicato cerca de 500 dólares e poderia resultar na rejeição pura e simples da sua pretensão. Estando disponível a mediação, a um custo de apenas 150 dólares para o sindicato, o trabalhador poderia recusar a oferta de 200 dólares, calculando que os custos adicionais não eram elevados, que os resultados não poderiam ser muito piores e que poderia até ganhar mais. Caso o fizesse e na mediação as partes chegassem posteriormente a um acordo satisfatório baseado nos interesses – um acordo que não contemplasse somente a questão monetária – em termos teóricos, o efeito deste novo procedimento seria levar as partes a mudar de uma negociação "bem sucedida" (no sentido de haver acordos frequentes) centrada nos direitos, na Etapa 3, para uma negociação bem sucedida centrada nos interesses, na mediação. Embora esta abordagem permitisse reduzir alguns dos custos da negociação, através de melhores resultados, menor recorrência de conflitos e menos tensão nas relações, os custos de transacção acrescidos e altamente visíveis associados ao recurso a um mediador externo desencorajariam provavelmente os empregadores e os sindicatos a adoptá-la.

Estes riscos seriam superiores aos potenciais benefícios do procedimento? A experiência de mediação noutras indústrias era demasiado limitada para responder à questão. Não existiam informações relativas ao efeito da mediação sobre a taxa de resolução nas etapas iniciais do procedimento. Nem dados comparativos sobre a mediação e a arbitragem, em termos de tempo, custos ou satisfação dos participantes. Ou sobre os efeitos a longo prazo da mediação, como a maior capacidade dos participantes para resolver os conflitos pela via negocial numa fase precoce do processo ou a melhoria da qualidade das relações entre os parceiros sociais. Perante este panorama, decidimos realizar uma experiência. No entanto, esta experiência requeria fundos para estabelecer e gerir um sistema de mediação, bem como para recolher dados de avaliação e analisá-los. Exigia também que conseguíssemos persuadir as empresas carboníferas e o UMWA a tentarem um procedimento em que não tinham qualquer experiência e que era pouco utilizado na indústria norte-americana.

ANGARIAÇÃO DE APOIO

NEGOCIAR PARA CONSEGUIR FUNDOS E PARTICIPANTES

Na Primavera de 1980, começámos a discutir a experiência proposta com a Administração dos Serviços de Gestão Laboral do Ministério do Trabalho dos EUA, chefiada por William Hobgood, que anteriormente ajudara Goldberg a desenvolver o procedimento de mediação e estava a par dos conflitos existentes na indústria do carvão, devido ao seu trabalho em negociações contratuais quando exercera funções no Serviço Federal de Mediação e Conciliação. Depois de múltiplas discussões, recebemos garantias informais de que o Ministério do Trabalho iria provavelmente financiar uma experiência de seis meses, se conseguíssemos convencer um número suficiente de empresas e distritos sindicais a participar.

Decidimos iniciar a experiência em dois distritos e envolver o máximo de empresas que operavam nos mesmos. Escolheríamos um distrito em que as relações entre os parceiros sociais fossem boas, a fim de maximizar as probabilidades de sucesso da mediação, e um distrito em que esse relacionamento fosse menos satisfatório, para testar o sistema em circunstâncias difíceis. Assim, seleccionámos para a primeira hipótese o Distrito 28 (no Sudoeste da Virgínia) e para a segunda o Distrito 30 (no Leste do Kentucky). Enquanto o Distrito 28 se situava no quartil inferior do sindicato em termos de percentagem de arbitragens e greves selvagens, um número reduzido, o Distrito 30 apresentava taxas elevadas.

Apesar das vantagens evidentes da proposta de mediação, rapidamente detectámos inúmeros obstáculos à sua adopção, entre os quais predominava a inércia. A arbitragem (complementada por greves selvagens) constituía um modo de resolução de conflitos utilizado e aceite na indústria do carvão há cerca de 70 anos, sendo perfeitamente conhecida, independentemente das suas deficiências. A mediação, pelo contrário, era praticamente desconhecida e a perspectiva era aterradora para vários representantes sindicais e da indústria. Esta relutância era reforçada pelo facto de muitos deles serem bastante qualificados em arbitragem, manifestando sérias reservas em experimentar um processo que exigia competências diferentes.

Outro obstáculo à adopção da mediação (que na altura não identificámos totalmente) era o facto de a arbitragem se adaptar melhor à estrutura burocrática dos sindicatos e empresas do que a mediação. A arbitragem tem regras e procedimentos bem definidos. O seu desfecho é previsível: a queixa será indeferida, aceite ou parcialmente aceite. É possível manter registos rigorosos dos resultados (número de casos ganhos e perdidos por cada parte) e dos árbitros (número de casos decidido por cada árbitro a favor do sindicato e a favor da empresa), o que vai ao encontro das tendências burocráticas. Em contrapartida, a mediação é um sistema fluido e com poucas regras. O resultado é imprevisível, dado que a questão se pode expandir ou contrair durante o processo e que o leque de resultados possíveis é amplo. A contabilização é difícil, pois muitas queixas são resolvidas através de um compromisso.

Um outro obstáculo prendia-se com o controlo da produção de provas e argumentos. Na arbitragem, este controlo é exercido com mão firme pelos representantes do sindicato e da empresa; na mediação, onde não existem regras processuais, o controlo é muito mais ténue. Embora aos mineiros pudesse agradar a perspectiva de um maior controlo sobre as suas queixas, os representantes poderiam não estar dispostos a ceder uma fracção de poder.[9]

Surgiram ainda outros obstáculos adicionais. A mediação, assente no compromisso, era pouco atractiva para os representantes das empresas e sindicatos com um sentido muito apurado do certo e do errado; estes prefeririam a arbitragem, em que um terceiro decide quem tem razão e quem não tem. A arbitragem era também preferida por aqueles que pretendiam um fórum que lhes permitisse testar a sua força contra a oposição. Por outro lado, alguns representantes empresariais e sindicais mostravam-se reticentes, pois pensavam que um acordo obtido em sede de mediação seria uma prova da sua incompetência; se uma reivindicação podia ser resolvida, eles deveriam ter conseguido fazê-lo sem recorrer a um mediador. Alguns empregadores opunham-se à mediação por recearem que a rapidez e o custo reduzido do processo incentivassem contestações sindicais mais frequentes.

Por último, a falta de confiança era um obstáculo importante. Alguns representantes da entidade patronal receavam que o sindicato aceitasse o novo procedimento unicamente para obter acordos mais vantajosos. Por sua vez, alguns representantes sindicais receavam que as entidades patronais o aceitassem unicamente para acrescentar mais uma etapa ao processo reivindicativo, aumentando assim os custos para o sindicato e o período de tempo até à resolução final. Cada um dos lados temia que o outro pudesse utilizar a informação obtida no decurso da mediação para preparar os seus argumentos para a arbitragem.

Goldberg tentou contornar estas objecções. Garantiu aos representantes do sindicato e das empresas que as técnicas por eles utilizadas na Etapa 3 para tentar resolver as reivindicações eram basicamente iguais às que seriam usadas na mediação. Aos representantes a quem desagradava a ideia do compromisso, ele sublinhou que, nos casos em que fosse impossível chegar a acordo, o mediador diria às partes quem estava certo e quem estava errado. Aos empregadores que receavam um acesso fácil dos sindicatos à mediação, ele contrapôs a falta de poder do mediador para vincular a empresa a qualquer acordo que a mesma não aceitasse voluntariamente. Goldberg argumentou que quaisquer que fossem os riscos da mediação, estes eram mínimos em comparação com os do sistema existente. A sua mensagem central, transmitida em inúmeras reuniões com representantes das direcções e do sindicato, era a seguinte: "O sistema de resolução de queixas vigente na indústria do carvão é inadequado. As quantias gastas com a arbitragem são elevadíssimas e a enorme acumulação de casos determina que as decisões dos árbitros demorem meses. Nem os mineiros nem as empresas beneficiam com esta situação, porque os mineiros descontentes fazem frequentemente greves selvagens, que os privam do seu salário e à empresa dos seus lucros. A mediação pode não ser a resposta ao problema, mas os riscos de experimentar esta abordagem durante alguns meses são mínimos, ao passo que os potenciais benefícios, se o sistema realmente funcionar, são consideráveis. Permite poupar tempo e dinheiro e desenvolver técnicas de conciliação mais avançadas num ambiente menos crispado. Por tudo isto, acho que deve ser experimentada."

As partes eram sensíveis a diferentes argumentos. Verificou-se que o principal interesse do sindicato era a potencial economia de tempo e dinheiro, ao passo que o dos empregadores era a perspectiva de um relacionamento menos conturbado. Assim sendo, ambas as partes se mostraram dispostas a participar na experiência, embora por motivos diferentes. Os Distritos 28 e 30 concordaram com uma experiência de seis meses, tal como quase todas as empresas do Distrito 30 e duas das três grandes companhias do Distrito 28. Uma vez obtido este nível de participação, o Ministério do Trabalho concordou em financiar a experiência.

No final dos primeiros seis meses, os Distritos 28 e 30 e as empresas participantes dos mesmos concordaram em alargar a experiência por mais seis meses. Após uma série de reuniões semelhantes, os Distritos 11 (Indiana) e 12 (Illinois), bem como uma das duas grandes empresas do Distrito 11 e três do Distrito 12 aceitaram o nosso convite para participarem no estudo.[10]

Ficámos surpreendidos com o tempo e esforço requeridos para conseguir participantes para a experiência. A negociação da aceitação do processo exigiu duas vezes mais tempo do que o seu desenvolvimento. Efectuámos inúmeras consultas com Rolf Valtin, um antigo árbitro de questões contratuais entre o sindicato e as entidades patronais, o qual foi um dos mediadores iniciais da experiência e posteriormente escreveu:

> A mediação na indústria do carvão era uma novidade. Tal como sucede com outras instituições em democracia, a negociação colec-

tiva não é propensa a acolher de braços abertos as inovações. Para se voar tem de se ser empurrado. E a mediação não era uma excepção.

Sim, o Steve (Goldberg) escreveu uma proposta. E, sim, o Steve foi incentivado pelos colegas a quem a apresentou, por um Ministério do Trabalho interessado e mesmo por alguns altos dirigentes a nível da Indústria e do Sindicato. Mas nenhum destes apoios era suficiente para transformar a ideia em realidade. Era preciso que a ideia fosse aceite por aqueles que iriam implementá-la, ou seja, os agentes no terreno, os responsáveis pelas relações laborais, as comissões sindicais e os encarregados da mina. São pessoas duras, com preocupações práticas, que não tendem a aderir a uma ideia por causa da sua nobreza. Foram necessárias inúmeras reuniões para vencer o cepticismo e a resistência à mudança, demonstrar que a mediação merecia ser experimentada, alterar ou ajustar as regras básicas, lidar com o negativismo baseado no receio de que a outra parte obtivesse mais benefícios, etc. Por outras palavras, para "vender o produto". Sem isso, não haveria mediação na indústria do carvão e, sem ela, era pouco provável que a ideia se implantasse noutras áreas. As potencialidades intrínsecas da ideia não eram suficientes.[11]

IMPLEMENTAÇÃO DAS MUDANÇAS

DEFINIÇÃO DAS REGRAS E FORMAÇÃO DOS PARTICIPANTES

Depois de os Distritos 28 e 30 e os empregadores desses distritos terem acordado participar na experiência de mediação, Goldberg reuniu-se com eles para estabelecerem as regras. Nessa altura, já tínhamos elaborado um modelo de regras de mediação (descritas no Apêndice) que ele apresentou às partes. De um modo geral, a única regra que levantou celeuma e desacordo ocasional tinha a ver com a apresentação das queixas a mediação. O modelo previa o consentimento de ambas as partes, mas explicámos claramente que qualquer das partes poderia apresentar uma reivindicação sem o consentimento da outra. O argumento a favor do consentimento mútuo era que, se ambas as partes concordassem com a mediação, a probabilidade de chegarem a acordo era maior do que se uma delas não a aceitasse. O argumento contrário era que, se fosse necessário o consentimento mútuo, a mediação raramente, ou nunca, teria lugar – quando as negociações de pré-mediação fracassam e resultam em hostilidade, o consentimento mútuo pode tornar-se impossível. Nos Distritos 28 e 30, as partes iniciaram a experiência, instituindo a obrigatoriedade do consentimento mútuo para submeter as queixas a mediação.

Decorridos seis meses, os participantes do Distrito 28 concordaram em mediar todas as reivindicações, com excepção dos casos de despedimento, que continuariam a exigir consentimento mútuo. Esta abordagem foi igualmente adoptada pelos participantes dos Distritos 11 e 12.

Goldberg mediou divergências ocasionais sobre questões como o número de representantes sindicais que podiam participar numa conferência de mediação e quem os compensaria de eventuais perdas de salário decorrentes dessa participação. De um modo geral, porém, as regras propostas foram adoptadas sem grandes alterações.

    O passo seguinte consistiu em juntar à mesa os representantes das empresas e do sindicato que iriam seleccionar as reivindicações e submetê-las a mediação. Em cada reunião, Goldberg explicava as regras e os procedimentos aos participantes, os quais, com raras excepções, não possuíam experiência de mediação. Ele queria ter a certeza de que os participantes compreendiam bem as regras para evitar discussões sobre o seu significado durante a mediação. Insistia também que a mediação não se baseava nos direitos – quem tinha "razão" e quem estava "errado" – mas sim nos interesses. O objectivo consistia em obter um acordo negociado que satisfizesse os interesses essenciais de cada parte. Apenas quando esse acordo fosse impossível, as negociações incidiriam nos direitos contratuais.

Goldberg tentou preparar os participantes para compreenderem os objectivos da mediação. "Não precisam de vir para a mediação preparados para ceder direitos que consideram importantes", dizia. "No entanto, têm de estar dispostos a manter um espírito aberto e escutar o que a outra parte e o mediador dizem. Além disso, se a outra parte aceitar um acordo que serve os vossos interesses, devem estar preparados para o aceitar." Goldberg disse-lhes ainda que a mediação nem sempre era fácil: "Vão ter de reconhecer, por vezes, que não têm um caso com grandes probabilidades de vitória e que as propostas do outro lado são pouco satisfatórias. Nessa situação, em vez do recurso à arbitragem, é preferível admitir o facto e aceitar um acordo que não vai agradar a uma parte da vossa gente." Explicou-lhes também que a sua desconfiança era compreensível, mas que não devia impedi-los de tentarem a mediação. "Não partam do princípio que o outro lado não está de boa-fé. Dêem-lhe uma ou duas oportunidades. Na pior das hipóteses, terão gasto algumas centenas de dólares na tentativa de obter um acordo, mas esse custo é inferior ao de uma única sessão de arbitragem." Goldberg não efectuou qualquer acção de formação prática porque não dispunha de materiais para realizar *role-plays*; desde então, desenvolvemos esses materiais e agora as sessões de formação inicial conjunta já os incluem, como forma de demonstração dos métodos da mediação.

Goldberg tentou também motivar os participantes, dizendo-lhes que teriam possibilidade de expressar as suas opiniões: "Na mediação, não têm de se preocupar com regras legais de produção de provas. Todos têm a oportunidade de falar e dizer o que pensam, à sua maneira." Disse-lhes que os resultados da mediação seriam mutuamente satisfatórios: "Só se ambas as partes estiverem satisfeitas é que há acordo. Deste modo, qualquer acordo obtido será a contento de ambas." Sugeriu também que a mediação era menos prejudicial para o relacionamento do que a arbitragem: "Tentar chegar a um acordo aceitável para ambas as partes causa provavelmente menos ressentimentos do que tentar convencer um árbitro de que eu tenho razão e o outro está errado." Por último, Goldberg sublinhou os baixos custos de uma mediação bem sucedida e as suas implicações: "Se abordarem a mediação com o desejo genuíno de obter um acordo satisfatório, têm grandes hipóteses de resolver com sucesso três quartos dos vossos casos. E se conseguirem isto, pensem em todo o dinheiro que pouparam na arbitragem e que poderão utilizar para outros fins."

SELECÇÃO E FORMAÇÃO DOS MEDIADORES

Estávamos convictos de que o êxito da mediação dependia, em larga medida, das aptidões dos mediadores. Se não conseguissem ajudar as partes a negociar acordos satisfatórios, o procedimento fracassaria. Assim sendo, a lista dos designados "terceiros neutrais" a indicar às partes foram objecto de criteriosa selecção. Em primeiro lugar, tivemos de decidir se, tendo em conta o carácter híbrido do processo, os escolhidos deveriam ter predominantemente experiência em mediação ou em arbitragem (na altura, muito poucos possuíam formação em ambas as áreas). Cada alternativa tinha os seus prós e contras. O recurso a árbitros com experiência na indústria do carvão, conhecidos das partes, iria motivar a participação na mediação. Promoveria igualmente a confiança das partes no mediador, tornando a sua opinião mais convincente. Finalmente, aumentaria a probabilidade de o parecer consultivo se revelar exacto se, em última análise, a reivindicação fosse submetida a arbitragem. Por outro lado, a intervenção de terceiros com experiência de mediação facilitaria a obtenção de acordos através da negociação baseada nos interesses e contribuiria para a formação dos participantes em técnicas negociais. Na selecção inicial de mediadores, resolvemos este dilema optando por uma solução de compromisso: o nosso critério de selecção básico seria experiência em arbitragem, mas daríamos preferência aos árbitros que possuíssem também experiência em mediação.

Em seguida, tivemos de decidir se limitávamos a nossa selecção aos mediadores que eram geralmente considerados como os árbitros mais destacados da indústria do carvão. O argumento para escolher árbitros conhecidos era idêntico ao que defendia a selecção de árbitros em vez de mediadores – motivar a participação e aumentar a confiança nos pareceres arbitrais. O risco era o de não descobrirmos uma falha eventual no sistema. Se o procedimento funcionasse apenas quando o terceiro era um especialista reconhecido em interpretação contratual, a sua capacidade de difusão ficaria substancialmente limitada. Se o nosso grupo experimental de mediadores fosse constituído exclusivamente por especialistas reconhecidos, ficaríamos sem o saber. Apesar da sua bondade, este último argumento não prevaleceu. Concluímos que já era suficientemente difícil resolver conflitos entre partes hostis, com uma história conturbada de relações laborais e sem experiência em mediação e que precisávamos de fazer tudo o que estivesse ao nosso alcance para que a fase inicial da experiência fosse coroada de êxito. Se conseguíssemos superar essa prova, haveria muito tempo para tentar a intervenção de mediadores pouco conhecidos. Com efeito, se a mediação tivesse sucesso, essa mudança seria inevitável, dado o número limitado de peritos reconhecidos.

Pretendíamos que todos os mediadores tivessem um número elevado de casos a resolver, por isso decidimos recomendar apenas quatro nomes para a experiência nos dois distritos iniciais. Três deles foram aceites. O quarto foi acusado por alguns representantes locais do Distrito 30 de ter uma atitude pró-administração, tendo o Distrito 30 ameaçado não participar na experiência, caso não o retirássemos da lista. O mediador foi retirado e substituído por outro, que foi aceite, o que garantiu a continuidade do processo no Distrito 30. Os quatro mediadores que participaram na experiência inicial eram James Scearce, David Beckman, Valtin e Goldberg. Quando a experiência foi alargada aos Distritos 11 e 12, incluímos Thomas Phelan e Anthony Sinicropi. Todos os mediadores dispunham de considerável experiência de arbitragem na indústria do carvão e outras áreas, possuindo também quatro deles uma vasta experiência em mediação.

Antes do início da experiência, reunimo-nos com os mediadores. Debatemos brevemente as regras da mediação, mas insistimos sobretudo que o mediador devia incitar as partes a iniciarem uma negociação baseada nos interesses, não as deixando tratar o processo como uma arbitragem consultiva centrada nos direitos.

INÍCIO DA MEDIAÇÃO

A primeira mediação na história da indústria do carvão ocorreu a 3 de Novembro de 1980, em Castlewood, Virgínia. As partes eram do Distrito 28 e a Clinchfield Coal Company. O sindicato local queixava-se de que a entidade empregadora tinha encomendado a reparação da maquinaria da mina a outra empresa, privando alegadamente os colaboradores de Clinchfield desse trabalho. A discussão era abrangente, incidindo nos direitos contratuais das partes e em alternativas que contribuiriam para satisfazer os interesses da empresa e do sindicato. Foram apresentadas e debatidas várias propostas de acordo, estando as partes empenhadas em chegar a uma solução. No entanto, os seus esforços não tiveram êxito e, assim, o mediador David Beckman proferiu a sua decisão consultiva: a reivindicação seria indeferida. O sindicato optou por não acatar esta decisão e submeter o caso a arbitragem – onde, contrariamente às previsões, o mesmo foi deferido alguns meses mais tarde.

A primeira mediação parecia ter sido um desastre absoluto. Não só as partes não tinham chegado a acordo, como o parecer do mediador fora diferente da decisão arbitral real. Com alguma apreensão, Goldberg telefonou aos representantes das duas partes, a fim de auscultar as suas reacções. Ambos afirmaram que o procedimento tinha corrido bem e que estavam dispostos a utilizá-lo novamente. O representante do sindicato admitiu ainda que ficara surpreendido com a decisão arbitral, pois pensava que a maioria dos árbitros teria decidido em conformidade com a previsão do mediador. Deste modo, o início da experiência não tinha sido tão mau como inicialmente havíamos receado.

Posteriormente, o processo de mediação começou a funcionar nos moldes previstos. Um jornalista do *Chicago Tribune*, James Warren, descreveu deste modo uma sessão de mediação:

> Um mineiro furioso é talvez a coisa mais parecida que existe com uma arma nuclear de duas pernas e Doc Wellington era, sem dúvida, um mineiro muito descontente. A sua raiva avolumava-se num

desses dias de sol e céu azul que parecem acentuar a paisagem luxuriante e tranquila da região carbonífera, mas cuja paz esconde o trabalho sujo e frequentemente mortal realizado nas suas entranhas.

Depois de parar o tractor, o barbudo mineiro dirigiu-se sem pressa ao escritório do seu patrão, onde protestou vigorosamente que um mineiro menos antigo lhe tinha "passado a perna", obtendo um lugar lucrativo, que lhe permitia trabalhar e receber horas extraordinárias enquanto a mina estava temporariamente encerrada. Sentado a curta distância de um grupo que incluía Bob Gossman, o director de recursos humanos, Wellington, declarou: "Isto foi tudo culpa do Gossman!"

Estaria a característica violência da indústria do carvão prestes a explodir na mina de Wabash da Amax Coal Co.? Contrariamente às aparências, isso não aconteceu. Na realidade, tanto Wellington como Gossman estavam envolvidos na mediação (...).

Tal como demonstrado no caso de Doc Wellington, o processo é informal. Um supervisor da Amax pensara que apenas seriam necessários dois elementos do turno de dia de Wellington para realizar o trabalho das férias. Assim, perguntou apenas a Wellington se estaria interessado em trabalhar nas férias nos dois últimos turnos. Este, que é um tipo orgulhoso e prefere o seu turno de dia, recusou.

Mesmo antes do período de férias, a empresa anunciou num dos painéis informativos uma terceira vaga para o turno de dia, mas ninguém informou Wellington do facto e o lugar foi ocupado por um mineiro menos antigo que tinha previamente acordado em trabalhar num dos turnos da noite.

A Amax contrapunha que, ao recusar trabalhar nos dois últimos turnos, Doc tinha efectivamente dito que não queria trabalhar de todo. A empresa reconhecia não o ter informado especificamente da terceira vaga, mas que ele deveria ter lido o painel informativo.

Vestido com umas calças e uma camisa desportivas, o mediador sentou à mesa Wellington e representantes do sindicato e da empresa para explicarem as suas posições. Não havia banco das testemunhas nem estenógrafo. O ambiente era extremamente coloquial e descontraído.

Enquanto fumava um cigarro, Wellington disse: "A minha única queixa é não me terem perguntado se queria trabalhar no meu próprio turno. O Gossman tem razão, eu recusei o segundo e terceiro turnos. Mas isso foi porque achei que não devia trabalhar neles."

O mediador pediu à administração para se retirar e aprofundou o assunto com o sindicato, procurando saber como seria possível evitar tal confusão no futuro. Em seguida, pediu ao sindicato para se retirar, voltou a chamar a administração e delicadamente disse que estava um pouco perplexo pelo facto de nunca terem perguntado directamente a Wellington se ele queria trabalhar no seu próprio turno.

"Muito francamente, penso que vão perder se forem para arbitragem", disse o mediador que era também um árbitro experiente.

Em seguida, utilizou um elemento determinante do método, a pressão de sugerir qual seria o eventual desfecho de uma dispendiosa arbitragem. Trata-se de um ponto de pressão decorrente dos contratos de trabalho que não é transferível para empresas não sindicalizadas, sem um procedimento eficaz de resolução de reivindicações.

Se a Amax perdesse a arbitragem, poderia ter de pagar ao Doc cerca de 1800 dólares por 17 turnos alegadamente não realizados durante o período de férias (incluindo horas a triplicar num Domingo). Gossman frisou: "Custa-me aceitar que um tipo se recuse a trabalhar e depois ainda receba dinheiro."

Pacientemente, o mediador continuou o processo e conseguiu levar o sindicato a admitir que qualquer erro teria sido cometido por negligência. Sublinhou que o sindicato também tinha um ponto fraco se o caso fosse para arbitragem: o facto de Wellington não ter olhado para o painel informativo.

Ao longo de duas horas, ambas as partes foram abandonando as suas posições rígidas e chegaram a um acordo: O Doc receberia nove turnos, aproximadamente mil dólares, e os procedimentos seriam melhorados relativamente a futuros trabalhos nas férias.

O representante sindical, Rick Tygett, calculou que evitando a arbitragem pouparia cerca de dois mil dólares, incluindo o pagamento dos salários de algumas testemunhas. Gossman e o director da mina, Steve Garcia, estimaram que obteriam uma poupança da ordem dos 1500 dólares. Em vez disso, as duas partes dividiram entre elas os honorários diários do mediador (600 dólares) que este recebe, independentemente do número de casos tratados (houve dois, nesse dia).

Mas havia algo mais importante do que o dinheiro. "A mediação não nos deixou um gosto amargo," disse Garcia. "A arbitragem é um ambiente semi-hostil, uma situação de vencedor-vencido. Aqui podemos descarregar a pressão em frente do outro."

"Há uma série de pessoas do departamento de recursos humanos que têm os resultados das vitórias-derrotas da arbitragem tatuados nos braços," comentou Gossman, "mas manter o contacto com o pessoal é importante." E acrescentou com orgulho que apesar de 739 colaboradores em trabalho contínuo, em três anos, nenhuma queixa tinha sido submetida a arbitragem.

"Na mediação, conseguimos um acordo estabelecido pelas duas partes e não uma coisa imposta por terceiros," comentou Tygett. "E mesmo quando se vence na arbitragem, ficam sempre ressentimentos. Eu daria à mediação a nota 20."[12]

AFERIÇÃO

Aquando da introdução da mediação, Goldberg acompanhou de perto o procedimento, a fim de introduzir alterações que contribuíssem para o seu funcionamento regular. Interveio periodicamente em todos os distritos participantes, observando e eventualmente comentando as técnicas de negociação dos intervenientes e discutindo as suas reacções, críticas e sugestões. Manteve conversas telefónicas semelhantes com os representantes do sindicato e da empresa que não tinha encontrado recentemente na mediação e tentou fomentar a utilização do processo.

Durante os dois primeiros anos, Goldberg realizou também reuniões semestrais de *feedback* em cada distrito, nas quais ele e Brett apresentaram às partes um relatório estatístico referente aos seis meses anteriores. Em geral, este relatório evidenciava uma elevada taxa de resoluções e economias substanciais, resultados que motivaram os intervenientes a manter o processo da mediação. Estas reuniões eram igualmente utilizadas pelos participantes para debater problemas que tinham ocorrido nos seis meses anteriores. No Distrito 28, por exemplo, as partes estavam preocupadas pelo facto de a mediação não ser tão utilizada quanto o poderia ser. Após um debate exaustivo numa reunião de *feedback*, adoptaram uma regra estipulando que nenhum litígio (com excepção dos que envolvessem despedimentos) poderia ser submetido a arbitragem, sem que as partes tivessem tentado a mediação. Um outro problema que por vezes surgia nas reuniões era o desempenho dos mediadores. Quando este era considerado insatisfatório, o mediador em causa recebia sugestões de melhoria (transmitidas por intermédio de Goldberg) ou era substituído.

Realizámos também reuniões de *feedback* com os mediadores, as quais constituíam um fórum de discussão, uma oportunidade para desenvolver técnicas de mediação e um meio de reforçar um sentimento de missão entre os participantes. Goldberg manteve-se também em contacto com os mediadores através de outros meios. Telefonava a cada mediador, após o seu primeiro dia de mediação, para falar da experiência vivida, responder às suas questões e, na ausência de um acordo, corresponder às suas apreensões. Goldberg escrevia ou telefonava ainda a cada mediador que relatasse um acordo particularmente criativo, a fim de discutir os termos do mesmo e transmitir uma palavra de louvor.[13]

AVALIAÇÃO DOS RESULTADOS

RESULTADOS DA EXPERIÊNCIA

A experiência foi um sucesso em todos os aspectos. Vinte e três das 25 sessões de mediação realizadas nos primeiros seis meses saldaram-se por um acordo, tal como 136 das 153 (89 por cento) efectuadas nos primeiros

12 meses. Cinquenta e um por cento dos acordos resultaram de um compromisso assumido entre as partes; em 15 por cento o sindicato retirou a queixa e em sete por cento, a empresa aceitou a reivindicação.[14]

No final do período inicial de 12 meses, avaliámos a satisfação dos participantes. Interrogámos cinco grupos de pessoas com experiência em mediação e arbitragem – representantes das relações laborais empresariais, representantes de distritos sindicais, pessoal operacional das empresas, membros dos sindicatos locais e queixosos. Uma maioria substancial de todos os grupos preferiu a mediação à arbitragem, nomeadamente a nível das minas, onde o pessoal operacional deu preferência à mediação à razão de seis para um. Esse foi de sete para um no caso do sindicato.

Constatámos que a mediação não fazia com que as etapas iniciais do procedimento reivindicativo fossem tratadas como um pró-forma. As partes não mediavam os casos que poderiam ter sido resolvidos nestas etapas, mas apenas aqueles que, de outro modo, teriam sido sujeitos a arbitragem. Por conseguinte, as taxas de acordo na Etapa 3 não diminuíram significativamente após a introdução da mediação. A única excepção foi o Distrito 28, no qual durante o segundo semestre da experiência algumas questões que teriam sido decididas na Etapa 3 foram resolvidas por mediação. Posteriormente, porém, a taxa de acordo na Etapa 3 registada neste distrito regressou aos valores anteriores à experiência, tendo-se mantido desde então em níveis iguais ou superiores.[15]

A economia de tempo e dinheiro obtidas com a mediação foram substanciais. O custo médio por caso foi de 295 dólares (honorários e despesas do mediador), ou seja, menos de um terço do custo médio da arbitragem (durante o período experimental, o custo médio de arbitragem – honorários e despesas do árbitro – nos distritos participantes foi de 1034 dólares por caso). O tempo médio entre o pedido e a conferência de mediação (na qual praticamente todas as queixas foram resolvidas) foi de 15 dias, sendo o tempo médio entre o pedido de arbitragem e a emissão da decisão arbitral de 109 dias.

Durante o período experimental ou posteriormente, nenhum queixoso processou o sindicato por violação do seu dever de justa representação devido à não apresentação de uma queixa a arbitragem após a mediação. Com efeito, quando a mediação teve início, encontravam-se pendentes processos deste tipo numa série de casos, sendo que a solução obtida levou ao abandono dos mesmos. Em alguns destes casos, a mediação proporcionou ao queixoso um acordo superior ao que previamente lhe fora proposto. Noutros, embora o acordo não fosse melhor, o queixoso estava disposto a desistir da queixa e do processo, depois de expor as suas razões a um terceiro independente que lhe transmitia que o mérito da sua pretensão era duvidoso.

Não podemos afirmar com absoluta certeza que os primeiros 12 meses de mediação tenham incentivado os participantes a recorrer à negociação baseada nos interesses em outras interacções ou melhorado o seu relacionamento global. As partes tinham-se defrontado como adversários durante muitos anos antes do advento da mediação e a experiência dos colaboradores das empresas e sindicatos com esta técnica, ao longo dos 12 meses iniciais, fora limitada. Com excepção dos representantes das relações laborais das empresas e dos representantes dos distritos sindicais, durante este período ninguém tinha participado mais de cinco vezes num processo de mediação. Possivelmente, será necessário um período experimental mais prolongado para determinar se a experiência da mediação tem capacidade para introduzir alterações nos procedimentos de resolução dos conflitos ou nas relações globais.

O tempo decorrido desde então pode ter assegurado a experiência necessária. No início de 1986, quando o emprego da mediação remontava a aproximadamente seis anos, efectuámos um inquérito aos participantes. Alguns, embora nem todos, eram de opinião que, ao longo dos anos, a mediação tinha influenciado as técnicas de resolução de litígios dos representantes sindicais e patronais. Um presidente de um distrito sindical afirmou: "Agora, procuram soluções para os problemas em vez de fazerem obstrução. As atitudes melhoraram, [eles] já não são tão inflexíveis como dantes, mesmo nas Etapas 2 e 3." Um director das relações laborais de uma empresa declarou: "Numa mina, tanto o encarregado como a comissão sindical vieram dizer-me, após algumas audiências de mediação bem sucedidas, que não voltariam a recorrer à mediação. Se conseguiam resolver os seus problemas na presença de um observador, também o poderiam fazer na mina. E mantiveram essa promessa." Os efeitos da mediação excederam o âmbito da resolução de reivindicações. De acordo com alguns participantes, as relações entre os parceiros sociais tornaram-se mais prestáveis e menos agressivas. Nas palavras de um representante sindical: "A mediação prova que as questões são, em muitos casos, susceptíveis de ser resolvidas depois de se ter conversado sobre elas."

O efeito da mediação na frequência das greves selvagens não é claro. Embora o número destas greves tenha diminuído com o recurso à mediação, também ocorreu uma redução similar nos casos em que a mesma não foi utilizada. A redução é geralmente atribuída à melhoria das relações laborais, a tempos económicos difíceis e a um decréscimo do emprego na indústria. Alguns participantes na mediação afirmaram que a disponibilidade da mesma e a sua capacidade de proporcionar resultados mutuamente aceitáveis tinha evitado directamente diversas greves. Muitos outros participantes comentaram que a mediação tinha prevenido indirectamente as greves, graças à melhoria da comunicação entre os parceiros sociais.

LIMITES DA EFICIÊNCIA DA MEDIAÇÃO

Constatámos que, contrariamente aos nossos receios, a mediação funcionava com a intervenção de terceiros que não eram árbitros experientes. A nosso pedido, os litigantes recorreram a mediadores cuja experiência de arbitragem era inferior à dos seis primeiros, mas que eram bastante experientes em mediação. Estes mediadores serviram-se das suas competências específicas para ajudar as partes a chegarem a acordos baseados nos interesses, sem emitir pareceres consultivos. Deste modo, a sua taxa de sucesso foi idêntica à dos mediadores que iniciaram a experiência.

Verificámos também que, embora a qualidade das relações entre os parceiros sociais não fosse importante para a obtenção de acordos, a relação entre os representantes sindicais e patronais era bastante relevante. Se demonstrassem uma atitude recíproca de boa-fé, podiam obter soluções apesar do clima hostil entre as entidades que representavam. Este aspecto carece, porém, de ser explicitado. Quando a relação sindicato-empresa é fraca, é provável que estes abandonem a mediação. Os representantes das partes podem estabelecer acordos, mas a sua implementação depende da vontade destas; de um modo geral, quando a relação é má, os acordos não são executados de modo mutuamente satisfatório e, nesse caso, uma ou ambas podem perder o interesse num procedimento direccionado para o acordo. Por este motivo, várias minas individuais e, em alguns casos, empresas completas deixaram de recorrer à mediação.

RAZÕES DO SUCESSO DA MEDIAÇÃO

Para melhorar e divulgar a prática da mediação, era necessário saber não só que a experiência tinha sido bem sucedida, mas também as razões desse sucesso. Parte da resposta reside no facto de os representantes confiarem na opinião do mediador relativamente aos méritos do caso para dissuadirem os interessados de recorrer à arbitragem. Por exemplo, muitos mediadores tiveram a seguinte experiência: No decorrer de uma reunião em privado com o sindicato, o representante sindical pedia ao mediador um parecer consultivo. Este respondia que o sindicato tinha muito poucas hipóteses de vencer. O representante dirigia-se então ao queixoso dizendo: "É o que eu tenho tentado explicar-lhe." Nessa altura, a queixa era abandonada ou rapidamente resolvida, dado que as expectativas do queixoso diminuíam.

Outro factor que contribuiu para o sucesso foi a vontade manifestada pelas partes de discutirem as reivindicações quase exclusivamente em termos dos respectivos interesses, com poucas ou nenhumas referências ao contrato. Segundo vários mediadores nos disseram, em alguns casos as discussões centravam-se quase exclusivamente na questão de saber se a empresa tinha tratado o queixoso com justiça, um aspecto a que os participantes atribuíam particular importância. No nosso inquérito inicial, a razão mais apontada pelos participantes para o êxito da mediação foi a abordagem baseada nos interesses. Por exemplo, um representante de uma empresa afirmou: "Gosto da informalidade. Cria uma atmosfera em que as pessoas procuram resolver os problemas e não se comportam como inimigos num processo judicial. É uma maneira muito melhor de abordar estes problemas." Os participantes no inquérito de 1986 fizeram comentários semelhantes. Concordaram que a mediação era superior à arbitragem na resolução de reivindicações que eram sintomáticas de um problema subjacente. Um representante sindical referiu: "É um dos melhores aspectos do sistema. Trata a doença ao mesmo tempo que os sintomas." Outro representante sindical comentou: "Acho que 70 por cento de todas as reivindicações em que sou chamado a intervir têm um problema subjacente. A arbitragem nunca chega a tratar deste tipo de situações, mas a mediação sim." Um director de recursos humanos acrescentou: "A mediação revela claramente os conflitos de personalidade e resolve-os, o que não acontece com a arbitragem."

Um terceiro factor foi a satisfação com os resultados. A maioria dos participantes referiu que a mediação tinha um desfecho mais satisfatório do que a arbitragem. Segundo eles, isto era explicável, em parte, pelo facto de na mediação "ambos os intervenientes ultrapassarem as acusações e dizerem o que realmente pensavam" (consultor de relações laborais de uma empresa) e, em parte, pelo facto de o resultado ser arquitectado pelos participantes e não por terceiros. "Temos mais influência no resultado e na sua formulação. Não há nada daquela linguagem jurídica complicada das decisões arbitrais" (representante sindical). Um director de recursos humanos de uma empresa sublinhou igualmente: "A satisfação de chegar a acordo eleva o nível de confiança de ambas partes no processo."

Por último a mediação aumentava a representatividade e controlo dos participantes. Os mediadores referiram que o queixoso e os representantes do sindicato local, libertos dos condicionalismos processuais e das normas probatórias da arbitragem, desempenhavam um papel mais activo e exerciam maior controlo sobre o tratamento das suas reivindicações do que na arbitragem. Os participantes afirmaram ainda que era mais fácil cumprir os acordos obtidos na mediação do que as sentenças arbitrais. Isto devia-se, por um lado, ao facto de os intervenientes terem mais facilidade em compreender um acordo em cuja formulação tinham participado e, por outro, ao facto de terem concordado em cumpri-lo. "A mediação é algo em que concordamos em contraposição a 'Ah-ah, ganhei-te!' Fazemos o menos possível para cumprir uma sentença arbitral" (consultor de recursos humanos de uma empresa). "Na mediação, existe um forte sentimento de compromisso, por isso ambas as partes estão dispostas a respeitar o acordo" (director de recursos humanos de uma mina).

Apesar do sucesso global do método, certos participantes teceram-lhe críticas. Alguns representantes de empresas queixaram-se que, por vezes, os mediadores pareciam pressioná-los a estabelecer um acordo que não desejavam. Um deles afirmou: "A direcção pretende obter mais do que o sindicato, ao passo que os mediadores continuam a exigir mais da empresa." Outros comentários dos representantes patronais eram: "Os mediadores não deveriam forçar o acordo, se um dos lados realmente não está disposto a aceitá-lo" e "Parece que os mediadores querem um acordo a todo o custo, independentemente dos termos contratuais." Estas críticas, que também são apontadas à mediação da negociação contratual, são provavelmente inevitáveis. A taxa de acordos obtida por um mediador é a única medida tangível da sua capacidade, motivo pelo qual os esforços por ele desenvolvidos para obter um acordo, costumam incluir uma forte componente pessoal. Na óptica de uma das partes, contudo, um acordo insatisfatório pode ser pior do que a ausência de acordo. Daí a tensão. E a pressão do mediador pode parecer exageradamente exigente em relação à empresa, dado que muitos acordos implicam uma certa cedência desta em relação ao sindicato. No entanto, o problema tende a diminuir, à medida que as partes se vão familiarizando com o processo e adquirem a capacidade de resistir a uma eventual pressão do mediador.

UTILIZAÇÃO CONTINUADA DA MEDIAÇÃO

Dos participantes na experiência inicial, todos os distritos e a maioria das empresas mantiveram a mediação, embora o seu emprego tenha sido esporádico no Distrito 30. Quando foi utilizada, a mediação demonstrou resolver satisfatoriamente as queixas, sem recurso à arbitragem. Em Junho de 1988, tinham sido mediadas 827 reivindicações na indústria mineira, das quais apenas 20 por cento tinham sido submetidas a arbitragem. A economia de tempo e dinheiro obtida continuou a ser expressiva. O custo médio da mediação no período entre Novembro de 1980 e Junho de 1988 foi de 330 dólares por caso, menos 20 por cento do que o custo médio da arbitragem (1692 dólares).[16] No mesmo período, o tempo entre o pedido de mediação e a resolução final foi de 24 dias; não existem números comparáveis em relação à arbitragem neste período, mas não há motivos para supor que o mesmo tenha sido significativamente inferior à média de 109 dias registada entre 1980 e 1981.

Duas das maiores empresas que participaram na experiência de 1981-82 abandonaram o processo, uma em 1983 e outra em 1984. Num dos casos, o director operacional entendia que, pelo facto de a mediação ser menos dispendiosa e mais rápida do que a arbitragem, o sindicato estava a usá-la para interferir na sua liberdade de gerir a empresa.[17] No outro, os colaboradores de recursos humanos da empresa consideravam que um representante sindical, que se candidatara à reeleição, assumia posições inaceitáveis na mediação, como recusar-se a abandonar casos com fracas probabilidades de merecimento, com receio de perder o apoio dos sindicalistas. Assim sendo, as queixas não eram resolvidas ou eram-no em termos que a empresa considerava desfavoráveis.[18]

SAÍDA

Um dos nossos objectivos consistia em fazer com que a mediação evoluísse, de um procedimento introduzido na indústria do carvão por Goldberg e conotado com ele, para um sistema dominado e utilizado pelos intervenientes porque lhe reconhecem mérito intrínseco e adequação e que continuariam a utilizá-lo mesmo depois de termos concluído a nossa intervenção. Neste sentido, Goldberg deixou de mediar e suspendemos as nossas reuniões de *feedback* em todos os distritos com excepção de um. Temos várias provas do resultado positivo destes esforços. Registaram-se alterações significativas nas chefias dos distritos sindicais e empresas que iniciaram a mediação em 1980; dos que lidaram inicialmente com Goldberg, poucos são os que se mantêm nos seus cargos. A mediação sobreviveu a estas alterações, o que constitui um sinal de que se tornou institucionalizada como parte da estrutura de resolução de conflitos.

Embora tenhamos tentado minimizar a nossa presença, continuámos a disponibilizar os recursos necessários para o funcionamento eficaz da mediação. Em 1983, formámos uma instituição sem fins lucrativos, a Mediation Research and Education Project, Inc., para se ocupar dos aspectos administrativos da mediação.[19] Os escritórios da MREP recebem pedidos de mediação, nomeiam mediadores em resposta a esses pedidos e recolhem e analisam dados, a fim de avaliar a eficácia do sistema.

DIVULGAÇÃO

DIVULGAÇÃO NA INDÚSTRIA DO CARVÃO

O nosso objectivo inicial consistia em modificar o sistema de resolução de conflitos em toda a indústria do carvão, fomentando a adopção da mediação numa base global. Prosseguimos os nossos esforços, com vista à realização desse objectivo. Valtin, Hobgood e Goldberg descreveram publicamente o procedimento da mediação e os seus resultados em conferências da indústria carbonífera e a título particular, junto de colaboradores empresariais e sindicais. Vários participantes de ambos os quadrantes no processo de mediação relataram também as suas experiências, em reuniões conjuntas sindicato-empresa e separadas. Por último, incentivámos aqueles que ponderavam utilizar o sistema a observarem sessões reais de mediação, tendo esta sugestão sido bem acolhida.

Estes esforços saldaram-se em resultados mistos. Do lado positivo, a mediação foi expressamente autorizada nas duas convenções colectivas de trabalho nacionais de 1984 e 1988, entre o UMWA e as empresas carboníferas, o que levou à adopção do sistema por algumas estruturas sindicais locais que anteriormente se tinham abstido, considerando que qualquer procedimento não previsto no contrato era suspeito. Contudo, até há pouco tempo, a mediação tinha sido pouco utilizada fora dos quatro distritos experimentais. Em 1982-84, tinham sido mediados cerca de 25 casos nos Distritos 17 e 29 (ambos na Virgínia Ocidental). Vinte destes 25 casos foram resolvidos mas, por razões que permanecem obscuras, a mediação não se tornou numa componente aceite do procedimento reivindicativo em qualquer dos distritos. Em 1986, o Distrito 5 (Pensilvânia) e a Beth Energy Coal Company começaram a mediar as reivindicações. Em 1987-88, foram celebrados acordos de mediação entre o Distrito 20 (Alabama) e três grandes empresas situadas no mesmo. A mediação foi assim utilizada em oito dos 22 distritos do UMWA.

DIVULGAÇÃO FORA DA INDÚSTRIA DO CARVÃO

Embora na década de 70 a taxa de arbitragem na indústria carbonífera fosse a mais elevada de entre todas as existentes nos Estados Unidos, outras indústrias e vários relacionamentos entre os parceiros sociais apresentam níveis de arbitragem superiores ao que seria necessário. A indústria ferroviária e os Correios, por exemplo, têm taxas de arbitragem consideradas excessivas em relação aos acordos negociados.[20] Mesmo nos casos em que a arbitragem não é demasiadamente utilizada, a sua eficácia é muitas vezes criticada. As queixas relativas ao custo elevado, aos prazos e à formalidade excessiva deste método têm sido e continuam a ser um dos aspectos mais relevantes no debate sobre as relações industriais.[21]

Pensávamos que a mediação poderia ajudar outras indústrias, incentivando entidades empregadoras e sindicatos a reduzirem a sua dependência da arbitragem baseada nos direitos, a favor de uma abordagem essencialmente baseada nos interesses. A partir de 1982, tentámos interessar outras indústrias na experiência da mediação, uma iniciativa que foi razoavelmente bem sucedida. A mediação tornou-se extensiva a uma série de indústrias, incluindo transformação, telefones, transportes colectivos urbanos, venda a retalho, refinação de petróleo, electricidade, autarquias e ensino público.

A nossa intervenção no arranque da mediação nestas indústrias variou consideravelmente. Num dos extremos, entidades patronais e sindicatos, incentivados pelos nossos discursos e artigos, mas sem qualquer contacto directo connosco, negociaram o seu próprio processo de mediação. Este tipo de difusão é claramente o mais eficaz. Maximiza também as hipóteses de institucionalização da mediação, uma vez que o processo é pertença das partes desde o início. Noutras situações, um empregador ou um sindicato pediram-nos uma cláusula contratual tipo, um conjunto de regras de mediação e sugestões sobre o modo de iniciar o processo, tendo posteriormente concebido e gerido o seu próprio procedimento, sem mais intervenções da nossa parte. No outro extremo, desempenhámos em algumas relações um papel quase tão importante como o que tivéramos na indústria carbonífera. A convite de uma ou de ambas as partes, trabalhámos como especialistas em concepção do sistema, estabelecendo regras e procedimentos.

Em muitos casos, as partes adaptaram o nosso modelo à sua situação específica. Por exemplo, numa dada situação, os advogados eram regularmente solicitados para intervirem na arbitragem e as partes contavam continuar a utilizá-los na mediação. No entanto, receavam que os advogados se centrassem excessivamente na obtenção de uma decisão consultiva favorável e descurassem a busca de um resultado que satisfizesse os interesses de ambos os lados, transformando a mediação num procedimento dominado pelos direitos, pelo que decidiram dispensar a opinião consultiva. Numa outra relação, as partes previam vir a necessitar da mediação em casos pouco numerosos, mas extremamente importantes. Concordaram em recorrer a um mediador para todos os casos, o qual obteria um conhecimento profundo das suas necessidades e preocupações.

Um dos obstáculos aos nossos esforços de expansão da mediação para além da indústria carbonífera foi a oposição de alguns advogados, a qual foi suscitada, em parte, pela convicção de que a mesma não serviria os melhores interesses de um determinado cliente. Até há pouco tempo, eram raras as escolas de Direito que integravam a mediação no seu programa curricular. Muitos advogados não compreendem o processo e não possuem experiência neste campo. Por conseguinte, têm relutância em aconselhar um cliente a tentar a mediação. Por outro lado, muitos advogados laborais retiram uma parte substancial dos seus rendimentos da representação de empresas ou sindicatos em processos arbitrais. Para eles, a mediação, em que as partes raramente são representadas por um advogado, constituiu uma ameaça em termos financeiros.[22]

Nos casos em que a mediação foi adoptada noutras indústrias, os resultados foram basicamente idênticos aos registados na indústria do carvão. Entre Maio de 1983 e Junho de 1988, foram submetidos a mediação 276 casos, em várias indústrias para além da carbonífera, tendo sido revolvidos 81 por cento destes sem recurso a arbitragem. Os custos médios da mediação (honorários e despesas do mediador) elevaram-se a 435 dólares por caso, cerca de 30 por cento do custo médio da arbitragem. O tempo médio entre o pedido de mediação e a resolução final foi de 26 dias, aproximadamente dez por cento da média correspondente observada na arbitragem.[23]

CONCLUSÃO

O nosso objectivo inicial consistia em diminuir o recurso à dispendiosa arbitragem na indústria do carvão, fomentando a mediação baseada nos interesses. Nos casos em que a abordagem foi adoptada, este objectivo foi essencialmente conseguido. O problema residia sobretudo na divulgação do método. Desde 1981, que a mediação das reivindicações se propagou mais noutras áreas industriais do que propriamente na indústria carbonífera.

Uma questão óbvia era a de saber se a expansão da mediação teria sido mais rápida na indústria do carvão caso os representantes das partes tivessem participado nas fases de diagnóstico e concepção - um aspecto que poderia ter feito a diferença. Noutras indústrias, em que as partes estiveram envolvidas na implementação da mediação, tem havido uma participação activa das mesmas na sua divulgação. Deste modo, a nossa experiência com a mediação serve para salientar a importância da implicação das partes desde o início da concepção dos sistemas.

Mesmo assim, o futuro mostra-se promissor. Um número crescente de empresas e sindicatos tem vindo a adoptar a mediação de conflitos por iniciativa própria, sem grande envolvimento da nossa parte, para além da difusão da ideia. Os participantes têm obtido um êxito apreciável com o procedimento, resolvendo satisfatoriamente as reivindicações, com rapidez e a um custo reduzido. Prevemos que o recurso à mediação aumente, à medida que mais empresas e sindicatos forem tendo conhecimento do sucesso alcançado.

CAPÍTULO 8

Conclusão

A PROMESSA DA CONCEPÇÃO DE
SISTEMAS DE RESOLUÇÃO DE CONFLITOS

Cinco pontos a título de conclusão:

A ESTRUTURA; INTERESSES; DIREITOS E PODERES

O PRESENTE LIVRO APRESENTA UMA ESTRUTURA SIMPLES PARA a compreensão do processo de resolução de conflitos, em que as três abordagens principais são a conciliação dos interesses subjacentes, a determinação de quem tem razão e a determinação de quem é mais poderoso. Este enquadramento permite-nos não só classificar procedimentos de resolução tão díspares como negociação, decisão judicial e greve, mas também compreender as inter-relações existentes entre eles.

Em termos gerais, preconizamos que a conciliação dos interesses é menos dispendiosa e mais satisfatória do que a determinação dos direitos a qual, por sua vez, é menos dispendiosa e mais satisfatória do que a determinação do poder. Daqui decorre que as partes devem ser incentivadas a resolver os conflitos, sempre que possível, mediante a conciliação dos seus interesses ou, se esta prática não for exequível, através de um método pouco dispendioso de determinação dos direitos e do poder.

Uma das vantagens deste esquema é que em alguns conceitos simples consegue abranger grande parte das medidas adoptadas para melhorar o processo de resolução de conflitos. Muitas das actuais técnicas de negociação visam substituir a discussão tradicional em torno de posições rígidas, centradas no poder, por um processo criativo que incide na conciliação dos interesses. A maioria dos esforços do movimento de resolução alternativa de conflitos pretende também substituir os procedimentos baseados nos direitos, como a litigância, por métodos baseados nos interesses, como a negociação e a mediação.

A estrutura é igualmente aplicável a outros tipos de sistemas de resolução de conflitos não contemplados neste livro. Um exemplo, a nível empresarial, que ilustra uma alteração da tónica do poder para os direitos, consiste na substituição da resolução violenta dos conflitos pela ordem jurídica, um processo que se encontra bastante avançado na maioria dos países mas que ainda está pouco desenvolvido em alguns deles. Nesta óptica, o sistema democrático pode ser entendido como uma tentativa para substituir lutas de poder altamente dispendiosas, como golpes de estado e revoluções, por confrontos de custos muito menores, como sejam as eleições regulares e os debates parlamentares. Para além de reduzir os custos inerentes à determinação do poder, as eleições centram a atenção nos interesses das pessoas.[1] A estrutura pode assim prestar um contributo esclarecedor aos esforços em larga escala para reduzir os custos dos conflitos.

O OBJECTIVO: ECONOMIAS E GANHOS

Este livro explica como reduzir os custos da resolução de conflitos: as horas gastas em discussões inúteis, os custos ruinosos dos processos judiciais e das greves e a deterioração de relações importantes. A nível empresarial, estes custos traduzem-se em perda de produtividade e desempenho e nas relações pessoais por descontentamento e tensão. Nos casos extremos, os custos que os responsáveis pela mediação procuram evitar são divórcios, encerramento de fábricas, agressões físicas eventualmente fatais e a destruição sem sentido causada pela guerra.

Este livro explica também como obter ganhos, ou seja, tirar o máximo partido de um conflito. Um conflito é um aspecto normal de qualquer relação ou organização e a sua resolução eficaz permite às pessoas e organizações crescer e evoluir. As resoluções podem trazer benefícios mútuos, não só para os litigantes imediatos, mas também para outros que se confrontam com os mesmos problemas. São feitas concessões difíceis e tomadas decisões. Há um aliviar de tensões e um fortalecimento das relações. A produtividade e o desempenho aumentam.

OS MEIOS: CONCEPÇÃO DE SISTEMAS DE RESOLUÇÃO DE CONFLITOS

Este livro apresenta um método prático de obter poupanças e ganhos. Qualquer pessoa ou organização pode beneficiar de um diagnóstico periódico sobre a resolução dos conflitos: uma análise do tipo de conflitos que ocorrem, do modo como são solucionados e da razão subjacente à utilização de um determinado procedimento. Nos casos em que o diagnóstico revela a necessidade de melhoria, é a vez de entrar em cena a concepção dos sistemas de resolução de conflitos: introduzir ou alterar procedimentos, reforçar a motivação para a sua implementação, fortalecer competências e disponibilizar recursos. Uma abordagem sistemática tem a grande vantagem de não abranger apenas um conflito isolado, mas todas as situações conflituais que ocorrem em qualquer organização ou relação.

Um exercício deste tipo é ainda mais eficaz se realizado antes da relação ou organização estarem constituídos. Qualquer pessoa que tencione redigir um contrato – advogados com os seus clientes, representantes sindicais com elementos da entidade patronal ou diplomatas a negociar um tratado – deveria considerar a implementação antecipada de um sistema baseado nos interesses para a resolução de conflitos.

Neste livro, definimos seis princípios básicos para a concepção de um sistema eficaz de resolução de conflitos. O primeiro, e mais abrangente, consiste em colocar a tónica nos interesses, promovendo o recurso à negociação e mediação baseadas nos interesses. O segundo consiste em criar vias que permitam o regresso à negociação e que recentrem a atenção dos litigantes na mesma. O terceiro pretende facultar reservas de direitos e poderes – meios pouco dispendiosos de resolução, quando o método baseado nos interesses falha. O quarto princípio – prevenção – visa promover o debate para evitar os conflitos antes da sua ocorrência e o *feedback* pós-conflito, a fim de prevenir situações semelhantes no futuro. O quinto consiste em ordenar todos estes procedimentos por ordem crescente de custos. E o sexto, e último, consiste em providenciar a motivação, competências e recursos necessários para assegurar o funcionamento de todos estes processos. Em conjunto, estes seis princípios formam uma estratégia integrada de redução de custos e realização dos potenciais ganhos de um conflito.

UMA APLICAÇÃO: GERIR CONFLITOS IRRECONCILIÁVEIS E EVITAR A GUERRA

O domínio da resolução dos conflitos é frequentemente criticado como sendo utópico. Os críticos afirmam, com alguma razão, que os conflitos de interesses reais, como os que ocorrem entre sindicatos e entidades empregadoras ou entre árabes e israelitas, não podem ser resolvidos – são irreconciliáveis. A concepção de sistemas de resolução de conflitos, oferece uma resposta prática. Não visa eliminar os conflitos mas simplesmente resolver os litígios resultantes dos mesmos, a um custo reduzido.

A concepção de sistemas de resolução de conflitos é igualmente útil na prevenção da escalada da violência, evitando que os litígios evoluam para guerra ou outras manifestações similares. Segundo um antigo provérbio etíope, "muitas teias de aranha juntas podem deter um leão". Um sistema de resolução de conflitos adequado integra uma série consecutiva de redes de segurança – negociação, seguida de mediação, arbitragem consultiva, arbitragem, intervenção de terceiros, etc. – susceptível de enredar um conflito perigoso antes que este cause danos irreparáveis. É feita uma tentativa para deter o conflito numa fase precoce. Quando um procedimento falha, logo outro entra em acção.

Um sistema de resolução de conflitos eficaz pode são suster ou impedir a violência, mas os custos são significativamente menores. O derradeiro desafio consiste em conceber sistemas exequíveis, não só para famílias e organizações, mas também para as relações entre países. Num mundo cada vez mais interdependente e inseguro, a nossa sobrevivência depende da capacidade de arquitectarmos meios de resolver os diferendos que nos opõem sem recorrermos ao confronto de poder extremo – a guerra nuclear.

UMA DISCIPLINA EMERGENTE

Este livro é um primeiro passo. A concepção de sistemas de resolução de conflitos necessita ser desenvolvida, em termos teóricos e práticos. Como disciplina ensaia agora os primeiros passos, mas futuramente poderá ombrear com outros métodos resolutórios bem conhecidos, como a mediação e a arbitragem. Para alguns pode tornar-se, um dia, uma profissão. Para muitos – gestores, advogados, diplomatas, etc. – deve tornar-se, à semelhança do que acontece com a negociação, uma ferramenta essencial do seu repertório de competências.

Apêndice

REGRAS-BASE PARA A MEDIAÇÃO DE REIVINDICAÇÕES NA INDÚSTRIA DO CARVÃO (1980)

1. A mediação de um conflito laboral apenas será agendada mediante pedido conjunto dos representantes sindicais e dos das entidades empregadoras.
2. O pedido de mediação deve ser apresentado no prazo de cinco dias a contar da data da reunião da Etapa 3.
3. As conferências de mediação decorrerão num local central dentro do distrito sindical.
4. O queixoso tem direito a estar presente na conferência de mediação.
5. A posição das partes será exposta ao mediador por um representante de cada uma delas.
6. É aconselhável, embora não seja obrigatório, que os representantes das partes apresentem ao mediador uma descrição escrita sumária dos factos, da questão e dos argumentos justificativos das suas posições. Se esta descrição não for apresentada por escrito deverá ser feita oralmente, no início da conferência de mediação.
7. Qualquer material escrito apresentado ao mediador deverá ser devolvido à parte respectiva, no final da conferência de mediação.

8. Os debates perante o mediador devem ser de natureza informal. A produção de provas não se limita à prevista nas Etapas 2 e 3 do procedimento reivindicativo, as regras de produção de provas não são aplicáveis e a conferência de mediação não é gravada.
9. O mediador está autorizado a reunir separadamente com qualquer pessoa ou pessoas, embora não possua autoridade para impor a resolução de um conflito.
10. Se as partes não chegarem a acordo durante a conferência de mediação, o mediador deverá proferir oralmente uma decisão consultiva imediata, a menos que ambas as partes declinem esse procedimento.
11. O mediador deverá fundamentar a sua decisão consultiva.
12. Salvo acordo em contrário das partes, uma decisão consultiva aceite pelas mesmas não constituirá um precedente.
13. Se as partes não chegarem a acordo na mediação, podem recorrer à arbitragem. Nesse caso, o pedido de arbitragem deve ser apresentado no prazo de dez dias a contar da data da conferência de mediação.
14. No caso de um conflito submetido a mediação ser posteriormente sujeito a arbitragem, o mediador não poderá intervir como árbitro. Nenhum comentário ou acção do mediador poderá ser referido na arbitragem. Nenhum comentário ou acção das partes durante a conferência de mediação poderá ser usado contra elas na arbitragem.
15. O mediador não deverá realizar mais de três conferências de mediação por dia, não devendo a duração de cada uma delas exceder duas horas e meia.
16. Os honorários do mediador serão 150 dólares por conferência de mediação, acrescido de um terço das suas despesas. Este montante deverá ser suportado equitativamente pelas partes.
17. No caso de a mediação ser agendada e, em seguida, adiada ou cancelada, as partes são responsáveis pelo pagamento das quantias indicadas na Regra 16.

Notas

Prefácio

1. Ver Kochan, T.A., Katz, H.C., e Mckersie, R. B. *The Transformation of American Industrial Relations*. Nova Iorque: Basic Books, 1986, pp. 91-93.
2. Para uma descrição do programa da International Harvester, ver Mckersie, R. B., e Shropshire, W. W. "Avoiding Written Grievances: A Successful Program." *Journal of Business*. 1962, 35, 135-152.
3. Ver *International Business Machines Corporation v. Fujitsu Limited*, American Arbitration Association, Commercial Arbitration Tribunal, Case No. 13-I-117-0636-85 (15 de Setembro de 1987).
4. Davis, A. M. "Dispute Resolution at an Early Age." *Negotiation Journal*, 1986, 2, 287-298.
5. Merry, S.E. "The Culture and Practice of Mediation in Parent-Child Conflicts." *Negotiation Journal*, 1987, 3, 411-422.
6. Caney Creek é um pseudónimo.

Capítulo 1

1. Esta definição foi extraída de Felstiner, W.L.F., Abel, R.L., e Sarat, A. "The Emergence and Transformation of Disputes: Naming, Blaming, Claiming." *Law and Society Review*, 1980-81, 15, 631-654. O artigo contém uma interessante análise dos conflitos e da sua emergência.
2. Ver Felstiner, W.L.F., Abel, R.L., e Sarat, A. "The Emergence and Transformation of Disputes: Naming, Blaming, Claiming." *Law and Society Review*, 1980-81, 15, 631-654.
3. Ao falarmos em resolver conflitos e não em tratar, gerir ou negociar conflitos não estamos a sugerir que a resolução ponha necessariamente termo ao diferendo fundamental subjacente ao conflito. Nem afirmamos que um conflito, uma vez resolvido, não volte a eclodir. Com efeito, um dos nossos critérios comparativos de diferentes abordagens à resolução de conflitos é a frequência de recorrência dos mesmos após terem sido aparentemente sanados. Ver Merry, S.E., "Disputing Without Culture." *Harvard Law Review*, 1987, 100, 2057-2073; Sarat A., "The New Formalism in Disputing and Dispute Processing." *Law and Society Review*, 1988, 21, 695-715.

4. Para uma análise aprofundada da negociação baseada nos interesses, ver Fisher, R., e Ury, W.L. *Getting to Yes*. Boston: Houghton Mifflin, 1981. Ver também Lax, D.A., e Sebenius, J.K. *The Manager as a Negotiator*. Nova Iorque: Free Press, 1986.
5. Goldberg, S.B., e Sander, F.E.A. "Saying You're Sorry." *Negotiation Journal*, 1987, 3, 221-224
6. Reconhecemos que, ao definir direitos como incluindo simultaneamente prerrogativas legais e padrões de justiça geralmente aceites, estamos a exceder o significado comum do termo. A nossa justificação é que um procedimento que utilize um ou outro conceito como base para a resolução dos conflitos irá centrar-se nas prerrogativas dos litigantes à luz de padrões normativos e não nos seus interesses subjacentes. Verifica-se isto em relação às decisões judiciais que tratam de direitos legalmente consagrados e à negociação baseada nos direitos, que pode tratar de direitos ou normas geralmente aceites. Uma vez que os procedimentos centrados em padrões normativos são – como iremos demonstrar – mais dispendiosos do que os centrados nos interesses e uma vez que a nossa preocupação essencial se prende com a redução de custos e a realização de benefícios, consideramos útil englobar num único conceito direitos legalmente consagrados e outros padrões normativos, bem como os procedimentos baseados em qualquer deles.
7. Um procedimento judicial pode determinar não só quem tem razão como também quem tem mais poder, dado que por detrás de uma decisão judicial se encontra o poder coercivo do Estado. Os direitos juridicamente tutelados assentam no poder. Contudo, consideramos a decisão judicial um procedimento baseado nos direitos, uma vez que incide fundamentalmente na determinação de quem tem razão e não de quem é mais poderoso. Embora os direitos, nomeadamente os direitos que decorrem da lei proporcionem poder, um procedimento centrado nos direitos como meio de resolução de conflitos é menos dispendioso do que um procedimento centrado no poder. Uma luta de direitos, como a travada nos tribunais, que determina qual dos litigantes irá levar a melhor de acordo com padrões normativos, será menos dispendiosa do que uma greve, boicote ou guerra, baseados no poder, que visam determinar qual dos litigantes causará mais danos ao outro. Do mesmo modo, uma negociação que utilize critérios normativos para a resolução dos conflitos será menos dispendiosa do que uma abordagem que assente na capacidade relativa dos litigantes de se agredirem mutuamente. Assim, na nossa perspectiva, justifica-se uma distinção entre procedimentos centrados nos direitos e centrados no poder.
8. Emerson, R. M. "Power-Dependence Relations". *American Sociological Review*, 1962, 27, 31-41.
9. Hirschman, A. O. *Exit, Voice, and Loyalty: Responses to Declines in Firms, Organizations and States*. Cambridge, Massachusetts: Harvard University Press, 1970. Saída corresponde a fuga e lealdade a desistência. A possibilidade de expressão, como iremos ver adiante, tem mais hipóteses de se concretizar nos procedimentos baseados nos interesses, como a negociação e mediação propícias à resolução dos problemas.
10. Um quinto critério de avaliação é a justiça processual, ou seja, a satisfação sentida com a equidade de um processo de resolução de conflitos. A investigação demonstrou que os litigantes preferem procedimentos que lhes proporcionem oportunidade de controlo e participação nos resultados. Ver Lind, E. A., e Tyler, T. R. *The Social Psychology of Procedural Justice*. Nova Iorque: Plenum, 1988; Brett, J. M. "Commentary on Procedural Justice Papers". *In* R. J. Lewicki, B. H. Sheppard, e M. H. Bazerman (eds.), *Research on Negotiations in Organizations*. Greenwich, Connecticut: JAI Press, 1986, 81-90.

NOTAS

Não incluímos a justiça processual como um critério de avaliação distinto por duas razões. Primeiro, ao contrário dos custos decorrentes do conflito, da satisfação com os resultados, dos efeitos na relação e da recorrência, a justiça processual apenas tem significado a nível de um procedimento isolado para um conflito isolado. Não é aplicável aos procedimentos múltiplos que podem ser usados na resolução de um conflito isolado nem aos conflitos para determinar um custo a nível dos sistemas, o que acontece com os restante custos. Por exemplo, é possível medir a satisfação dos litigantes com o resultado de um conflito, independentemente do número de procedimentos distintos utilizados na sua resolução. Também é possível medir a satisfação com os resultados num sistema que aborda numerosos conflitos, interrogando um número elevado de litigantes. Segundo, apesar de a justiça processual e a justiça distributiva (satisfação com a equidade dos resultados) serem conceitos diferentes apresentam, geralmente, uma correlação elevada. Ver Lind, E. A., e Tyler, T. R. *The Social Psychology of Procedural Justice*. Nova Iorque: Plenum, 1988.

11. Williamson, O.E. "Transaction Cost Economics: The Governance of Contractual Relation." *Journal of Law and Economics*, 1979, 22, 233-261; Brett, J. M., e Rognes, J. K. "Intergroup Relations in Organizations". In P.S. Goodman and Associates, *Designing Effective Work Groups*. São Francisco: Jossey-Bass, 1986, 202-236.

12. Para um resumo da evidência de relação entre a justiça processual e distributiva – ou seja, satisfação com o processo e com o resultado – ver Lind, E. A., e Tyler, T. R. *The Social Psychology of Procedural Justice*. Nova Iorque: Plenum, 1988. Lind e Tyler também sintetizam as provas que apontam para uma relação entre possibilidade de expressão e satisfação com o processo. Para constatação do efeito da participação na elaboração da resolução final, para além da simples aceitação ou rejeição do parecer de terceiros, ver Brett, J. M., e Shapiro, D. L. "Procedural Justice: A Test of Competing Theories and Implications for Managerial Decision Making", manuscrito não publicado.

13. Lax, D. A., e Sebenius, J. K. *The Manager as Negotiator*. Nova Iorque: Free Press, 1986.

14. A investigação empírica que consubstancia esta afirmação estabelece uma comparação entre mediação e arbitragem ou decisão judicial. Os queixosos preferem a mediação à arbitragem numa série de contextos: trabalhadores-patrões (Brett, J. M., e Goldberg, S. B. "Grievance Mediation in the Coal Industry: A Field Experiment." *Industrial and Labor Relations Review*, 1983, 37, 49-69), pequenos litígios (McEwen, C. A., e Mairman, R.J. "Small Claims Mediation in Maine: An Empirical Assessment." *Maine Law Review*, 1981, 33, 237-268) e divórcio (Pearson, J. "An Evaluation of Alternatives to Court Adjudication." *Justice System Journal*, 1982, 7, 420-444).

15. Alguns comentadores alegam que um procedimento judicial é sempre preferível a um acordo negociado, quando estão em jogo questões de interesse público (ver por exemplo, Fiss, O. M. "Against Settlement." *Yale Law Journal*, 1984, 93, 1073-1090) e todos concordam que os litigantes não devem ser pressionados a chegar a acordo nesses casos. No entanto, o grau de persuasão a exercer sobre as partes para chegarem a um acordo em relação a um conflito que afecte o interesse público está longe de ser linear. Ver Edwards, H. T. "Alternative Dispute Resolution: Panacea or Anathema?" *Harvard Law Review*, 1986, 99, 668-684.

Capítulo 2

1. Goldberg, S.B., Green, E. D., e Sander, F.E.A. *Dispute Resolution*. Boston: Little, Brown, 1985, p. 548.

2. Davis, A. M. "Dispute Resolution at an Early Age". *Negotiation Journal*, 1986, 2, 287-298.
3. Conversa gravada com Christopher Moore, 18 de Maio de 1987, pp. 60-61.
4. Dunlop, J. T. *Dispute Resolution, Negotiation, and Consensus Building*. Dover, Massachusetts: Auburn House, 1984, p. 157.
5. Davis, A. M. "Dispute Resolution at an Early Age." *Negotiation Journal*, 1986, 2, 289.
6. Carta de Sylvia Skratek aos autores, 14 Out.1987, p.3.
7. McGovern, F. E. "Toward a Functional Approach for Managing Complex Litigation." *University of Chicago Law Review*, 1986, 53, 440-493.
8. Ury, W. L. "Strengthening International Mediation." *Negotiation Journal*, 1987, 3, 225-229.
9. Entrevista com Deborah Kolb, 23 Out. 1987.
10. Ver Millhauser, M. "Corporate Culture and ADR." *Alternatives to the High Cost of Litigation*, 1988, 6, 40-43.

Capítulo 3

1. "The 'Wise Man' Procedure." *Alternatives to the High Cost of Litigation*, 1987, 5, 105, 110-111.
2. Brock, J. *Bargaining Beyond Impasse*. Dover, Massachusetts: Auburn House, 1982.
3. Friedman, E. "Dispute Resolution in the Catholic Archdiocese of Chicago." Artigo apresentado no Dispute Resolution Research Colloquium, Universidade Northwestern, Evanston, Illinois, 13 Jan. 1988.
4. Mckersie, R. B., e Shropshire, W. W. "Avoiding Written Grievances: A Successful Program." *Journal of Business*, 1962, 35, 144.
5. *Ibid.*, p. 146.
6. Bacow, L., e Mulkey, J. "Overcoming Local Opposition to Hazardous Waste Facilities: The Massachusetts Approach." *Harvard Environmental Law Review*, 1982, 6, 265-305.
7. Susskind, L., e McMahon, G. "The Theory and Practice of Negotiated Rulemaking." *Yale Journal on Regulation*, 1985, 3, 133-165.
8. *Ibid.*, p. 137.
9. *Ibid.*, pp. 160-163.
10. "CPR Legal Program Proceeding: VII. ADR Contract Clauses." *Alternatives to the High Cost of Litigation*, 1987, 5, 101-103; citando G.E. Moore, p.101.
11. Rowe, M. P. "The Non-Union Complaint System at MIT: An Upward-Feedback Mediation Model." *Alternatives to the High Cost of Litigation*, 1984, 2, 10-13.
12. Kochan, T.A., Katz, H.C., e Mckersie, R. B. *The Transformation of American Industrial Relations*. Nova Iorque: Basic Books, 1986, p. 95.
13. *Ibid.*
14. Goldberg, S.B., Green, E. D., e Sander, F.E.A. *Dispute Resolution*. Boston: Little, Brown, 1985, 283-284.
15. Susskind, L., e Cruikshank, J. *Breaking the Impasse: Consensual Approaches to Resolving Public Disputes*. Nova Iorque: Basic Book, 1987, p. 145.
16. Davis, A. M. "Dispute Resolution at an Early Age." *Negotiation Journal*, 1986, 2, 287-298.
17. Entrevista telefónica com Karl Slaikeu, 25 de Março de 1988.

18. Saber se os funcionários judiciais, os juízes e outros agentes com poder sobre os litigantes devem usar esse poder para fomentar a mediação é uma questão bastante controversa. Alguns comentadores consideram tal atitude como uma coerção indevida. Outros, aceitando embora o elemento coercivo, alegam que uma certa pressão não parece ser muito grave, desde que os litigantes tenham liberdade para escolher qualquer desfecho na mediação. Ver Goldberg, S. B., Green, E. D., e Sander, F.E.A. *Dispute Resolution*. Boston: Little, Brown, 1985, p. 490.
19. Davis, A. M. "Dispute Resolution at an Early Age." *Negotiation Journal*, 1986, 2, 289.
20. Para uma perspectiva cautelosa mas geralmente favorável sobre o valor da mediação em situações deste tipo, ver Singer, L. R. "Nonjudicial Dispute Resolution Mechanisms: The Effects on Justice for the Poor." *Clearinghouse Review*, 1979, 13, 569-583.
21. McGovern, F. E. "Toward a Functional Approach for Managing Complex Litigation." *University of Chicago Law Review*, 1986, 33, 440-493
22. Goldberg, S.B., Green, E. D., e Sander, F.E.A. *Dispute Resolution*. Boston: Little, Brown, 1985, pp. 225-243.
23. *Ibid.*, pp. 271-280.
24. *Ibid.*, pp. 282-283.
25. Dunlop, J. T. *Dispute Resolution, Negotiation, and Consensus Building*. Dover, Massachusetts: Auburn House, 1984, p. 157.
26. Ury, W. L. *Beyond the Hotline*. Boston: Houghton Mifflin, 1985.
27. Davis, A. M. "Dispute Resolution at an Early Age." *Negotiation Journal*, 1986, 2, 287-298.
28. Goldberg, S.B., Green, E. D., e Sander, F.E.A. *Dispute Resolution*. Boston: Little, Brown, 1985, p. 189.
29. *Ibid.*
30. Isto é efectivamente a aplicação da arbitragem no seu sentido mais lato. A determinação da resolução de um conflito pelos dirigentes não assenta, frequentemente, em normas jurídicas que permitam avaliar as pretensões das partes e não oferece qualquer procedimento estruturado de produção de provas e argumentos. A investigação sobre a intervenção de dirigentes como terceiros na resolução de conflitos indica que aqueles podem adaptar uma série de medidas: reestruturar a organização, de modo a evitar o contacto entre os litigantes, despedir ou transferir um deles ou ambos, agir como investigadores-juízes, efectuando a sua própria investigação e tomando decisões, ou afectar recursos ao problema. Kolb, D.M. "Who Are Organizational Third Parties and What Do They Do?" *In* R. J. Lewicki, B. H. Sheppard, e M. H. Bazerman (eds.), *Research on Negotiations in Organizations*. Greenwich, Connecticut: JAI Press, 1986, 207-227; Kolb, D. M., e Sheppard, B. H. "Do Managers Mediate or Even Arbitrate?" *Negotiation Journal*, 1985, 1, 379-388; Sheppard, B. H. "Managers as Inquisitors: Some Lessons from the Law." *In* M. H. Bazerman e R. J. Lewicki (eds.), *Negotiating in Organizations*. Newbury Park, Califórnia: Sage, 1983.
31. Mas ver McGillicuddy, N. B., Welton, G. L., e Pruitt, D. G. "Third-Party Intervention: A Field Experiment Comparing Three Different Models." *Journal of Personality and Social Psychology*, 1987, 53, 104-112.
32. Goldberg, S.B., Green, E. D., e Sander, F.E.A. Dispute Resolution. Boston: Little, Brown, 1985, p. 282.
33. McGillis, D. *Consumer Dispute Resolution: A Survey of Programs*. Washington, D.C.: National Institute for Dispute Resolution, 1987.

34. Conhecido por greve "sem paragem", este procedimento é debatido in Dunlop, J. T. *Dispute Resolution, Negotiation, and Consensus Building*. Dover, Massachusetts: Auburn House, 1984, p. 165; Raiffa, H., e Lax, D. A. "Touchdowns in the Football Impasse." *Los Angeles Times*, 9 Nov. 1987, p. 7.
35. Katz, N., e Uhler, K. L. "An Alternative to Violence: Nonviolent Struggle for Change." In A. Goldstein (ed.) *Prevention and Control of Aggression*, Nova Iorque: Pergamon, 1983.
36. Allison, G. "Rules of Prudence." *In* G. Allison e W. Ury (eds.), *Windows of Opportunity: Toward Peaceful Competition in U.S.-Soviet Relations*, Cambridge: Ballinger, 1989.
37. Rowe, M.P. "The Non-Union Complaint System at MIT: An Upward-Feedback Mediation Model." *Alternatives to the High Cost of Litigation*, 1984, 2, 10-13.
38. McGillis, D. *Consumer Dispute Resolution: A Survey of Programs*. Washington, D.C.: National Institute for Dispute Resolution, 1985, pp. 13-14.
39. Para uma análise interessante dos fóruns, ver Dunlop, J. T. e Salter, M. S. "Note on Forums and Governance." Harvard Business School Working Paper 0-388-046, 1987.
40. Kanter, R. M., e Morgan, E. "The New Alliances: First Report on the Formation and Significance of a Labor-Management 'Business Partnership.'" Harvard Business School Working Paper, 87-042, 1987.

Capítulo 4

1. Conversa gravada com Richard A. Salem, 14 de Maio de 1987, p. 13.
2. Goldberg, S.B., Green, E. D., e Sander, F.E.A. *Dispute Resolution*. Boston: Little, Brown, 1985, pp. 225-232, 284-285.
3. *Ibid.*, p. 540.
4. *Ibid.*, pp. 541-543.
5. Graybeal, S. "Negotiating an Accident Prevention Center: The Experience of the Standing Consultative Commission." *In* J. W. Lewis and C. D. Blacker (eds.), *Next Steps to the Creation of an Accidental Nuclear War Prevention Center*. Stanford, Califórnia: Center for International Security and Arms Control, 1983, pp. 25-38.
6. O *feedback* do inquérito, uma técnica de mudança organizacional, pode igualmente ser utilizado para envolver as partes no processo de concepção e diagnóstico. Ver Nadler, D. "The Use of Feedback for Organizational Change: Promises and Pitfalls." *Group and Organizational Studies*, 1976, 1, 177-186, para um exemplo desta técnica e Peck, D. L., e Hollub, R. H. "Conflict, Intervention, and Resolution: The Third Party's Negotiated Role." *Evaluation and Program Planning*, a publicar brevemente, para um exemplo do procedimento utilizado. Ao aplicar o *feedback* do inquérito à concepção do sistema de resolução de conflitos, o especialista pode solicitar a participação de um vasto leque de pessoas envolvidas no sistema para formulação de questões sobre a forma como os conflitos são solucionados, efectuando, em seguida, um inquérito que contemple estas questões. O especialista deverá sintetizar os resultados e realizar uma série de reuniões de *feedback*, nas quais as pessoas envolvidas no sistema interpretarão os resultados e começarão a elaborar uma agenda de mudança. Relativamente à técnica de gestão de uma reunião deste tipo, ver também Blake, R. R., Sheppard, H. A., e Mouton, J.S. *Managing Intergroup Conflict in Industry*. Houston, Texas; Gulf, 1964, e Blake, R. R., e Mouton, J. S. *Solving Costly Organizational Conflicts: Achieving Intergroup Trust, Cooperation, and Teamwork*. São Francisco: Jossey-Bass, 1984.

NOTAS

7. Conversa gravada com Susan Wildau, 18 de Maio de 1987, p. 31.
8. Conversa gravada com Christopher Moore, 18 de Maio de 1987, pp. 33-34.
9. Alderfer, C. P. "Organization Development." *Annual Review of Psychology*, 1977, 28, pp. 197-223; Mirvis, P. H., e Berg, D. N. (eds.). *Failures in Organization Development and Change: Cases and Essays for Learning*. Nova Iorque: Wiley, 1977, p. 53.
10. Fisher, R., e Ury, W. L. *Getting to Yes*. Boston: Houghton Mifflin, 1981, pp. 118-122.
11. O conceito subjacente ao tribunal multi-portas é que os diferentes tipos de conflitos podem ser resolvidos por processos diferentes. Em vez de existir uma única "porta" para a sala de audiências, um tribunal deste género teria múltiplas "portas", através das quais as pessoas poderiam ter acesso à "sala" mais adequada. Algumas destas portas poderiam ter a indicação de "Arbitragem", "Mediação" e "Provedor de Justiça". Goldberg, S.B., Green, E. D., e Sander, F.E.A. *Dispute Resolution*. Boston: Little, Brown, 1985, p. 514.
12. Edelman, P. B. "Institutionalizing Dispute Resolution Alternatives." *Justice System Journal*, 1984, 9, 134-150.
13. A nossa falta de contacto directo com os mineiros de Caney Creek levou-nos a interpretar erradamente a profundidade da sua desconfiança relativamente à direcção da empresa, com resultados potencialmente desastrosos. Outros intervenientes na relação entre o sindicato e a entidade empregadora foram igualmente afectados pela ausência de contacto com os trabalhadores. Ver Lewicki, R. J., e Alderfer, C. P. "The Tensions Between Research and Intervention in Intergroup Conflict." *Journal of Applied Behavioral Science*, 1973, 9, 423-468.
14. Conversa gravada com Michael Lewis, 14 de Maio de 1987, pp. 24 e 46.
15. Ver Staw, B. M. "The Experimenting Organization: Problems and Prospects." *In* B. M. Staw, (ed.), *Psychological Foundations of Organizational Behavior*. Santa Monica, Califórnia: Goodyear, 1977, pp. 466-486.
16. Conversa gravada com Raymond Shonholtz, 12 de Maio de 1987, p.34.
17. Conversa gravada com Christopher Moore, 18 de Maio de 1987, p. 81. Foram igualmente utilizados jogos de pontuação para simular negociações próximas e ensinar as partes a negociar. Ver McGovern, F.E. "Toward a Functional Approach for Managing Complex Litigation." *University of Chicago Law Review*, 1986, 53, 440-493.
18. Conversa gravada com Linda Singer, 14 de Maio de 1987, p. 22.
19. Riskin, L. L. "Mediation and Lawyers." *Ohio State University Law Journal*, 1982, 43, 29-60.
20. Locke, E.A., Shaw, K. N., Saari, L. M., e Latham, G. P. "Goal Setting and Task Performance: 1969-1980." *Psychological Bulletin*, 1981, 90, 125-152.
21. Mckersie, R. B., e Shropshire, W. W. "Avoiding Written Grievances: A Successful Program." *Journal of Business*, 1962, 35, 144.
22. Mckersie, R. B., "Avoiding Written Grievances by Problem-Solving: An Outside View." *Personnel Psychology*, 1964, 17, 377.
23. Wexley, K. N., e Latham, G. P. *Developing and Training Human Resources in Organizations*. Glenview, Illinois: Scott, Foresman, 1981.
24. Davis, A. M. "Dispute Resolution at an Early Age." *Negotiation Journal*, 1986, 2, 287-298.
25. Conversa gravada com Michael Lewis, 14 de Maio de 1987, pp. 40-41.
26. Conversa gravada com Christopher Moore, 18 de Maio de 1987, p. 80; carta de Karl Slaikeu aos autores, 5 Nov. 1987. Ver também Slaikeu, K. A., e MacDonald, C. B.

Conflict Resolution in Churches: A Model for Systems Consultation. Austin, Texas: Center for Conflict Management, 1987.
27. A teoria e prática da avaliação do programa constituem uma área de estudo autónoma, que o âmbito desta obra apenas permite abordar sumariamente.
28. Walton, R. "The Diffusion of New Work Structures: Explaining Why Success Didn't Take." In P.H. Mirvis e D. N. Berg (eds.), *Failures in Organization Development and Change.* Nova Iorque: Wiley, 1977, pp. 243-263.
29. Goldberg, S.B., Green, E. D., e Sander, F.E.A. *Dispute Resolution.* Boston: Little, Brown, 1985, pp. 226,372.

Capítulo 5

1. Uma greve selvagem é uma paralisação durante a vigência de uma convenção colectiva de trabalho (CCT) que, nos termos contratuais, não está autorizada.
2. Devido à solidariedade existente no sindicato dos mineiros, o aparecimento de um único piquete, frequentemente encapuçado para evitar o reconhecimento pela direcção, resultava quase sempre numa greve de solidariedade.
3. O juiz federal procurava pôr em prática a convenção colectiva de trabalho entre o United Mine Workers of America (UMWA) e a Betuminous Coal Operators' Association, que contém uma proibição implícita do recurso à greve relativamente a questões arbitráveis.
4. Dados dos arquivos da Bituminous Coal Operators' Association.
5. Getman, J. G., Goldberg, S. B., e Herman, J. B. *Union Representation Elections: Law and Reality.* Nova Iorque: Sage, 1976.
6. O nosso acesso a estes dirigentes resultou em larga medida da reputação de Goldberg como árbitro na indústria carbonífera. Nos três anos anteriores, ele tinha arbitrado aproximadamente 250 casos.
7. Kerr, C., e Siegal , A. "The Interindustry Propensity to Strike – An International Comparison." *In* A. W. Kornhauser, R. Dubin, e A. M. Ross (eds.), *Industrial Conflict.* Nova Iorque: McGraw-Hill, 1954.
8. Dix, K., Fuller, C., Linsky, J., e Robinson, C. *Work Stoppages in the Appalachian Bituminous Coal Industry.* Morgantown, Virgínia Ocidental: Institute for Labor Studies, 1972.
9. Para investigar esta questão, foi necessário dividir as greves selvagens em três categorias: greves locais, greves de solidariedade e greves por questões políticas ou sindicais de âmbito nacional. As greves locais limitavam-se a uma única mina. As greves de solidariedade ocorriam quando um piquete de uma mina aparecia noutra. Os mineiros recorriam também à greve selvagem como arma política. Em 1975, por exemplo, bandos de piquetes encerraram a maioria das minas da Virgínia Ocidental em protesto contra as alterações nos manuais escolares propostas pela legislatura estadual. Em 1975, greves generalizadas protestaram contra uma alteração a nível nacional na política de saúde e assistência social dos mineiros. Neste estudo, foram apenas utilizados dados das greves locais.
10. Os registos da BCOA a que tivemos acesso revelaram-se inadequados, pouco fiáveis e não continham elementos sobre as minas sem greves. Deste modo, solicitámos às empresas que tinham assinado a CCT com o UMWA que identificassem as minas que exploravam e nos facultassem a seguinte informação relativamente a cada uma: registo de greves em 1975 e 1976, número de mineiros contratados, processo de extracção,

NOTAS

localização da mina, tipo de exploração (a céu aberto ou subterrânea), produtividade, taxa de acidentes e política de resolução das greves selvagens. Para uma descrição mais detalhada dos nossos métodos, ver Brett, J. M. e Goldberg, S. B. "Wildcat Strikes in Bituminous Coal Mining." *Industrial and Labor Relations Review*, 1979, 32, 465-483.

11. James Medoff, que tinha analisado os dados a nível da indústria e concluído que a produtividade era baixa nas minas com um índice de greves elevado, reanalisou os nossos dados em 1989, através de métodos mais sofisticados. Também ele não observou qualquer relação entre produtividade e greves selvagens nos nossos dados.
12. Escolhemos o Distrito 17 na Virgínia Ocidental por duas razões. Primeiro, porque era o distrito com o terceiro maior índice de greves (uma média de 3,9 greves por mina em 1975 e 1976) e, segundo, porque pensámos que poderíamos obter cooperação para o estudo neste distrito. Goldberg tinha arbitrado múltiplos casos no mesmo e mantinha boas relações com os dirigentes sindicais e com representantes das relações laborais de várias empresas. Para angariar apoio, Goldberg reuniu-se com o presidente do Distrito 17, Jack Perry, e com dirigentes de cada empresa e ainda com a comissão sindical de cada uma das quatro minas e com os representantes sindicais afectos às mesmas.
13. Utilizámos uma série de métodos para demonstrar a legitimidade do estudo e maximizar a cooperação. Para além das reuniões com as comissões sindicais das minas, enviámos uma carta a cada mineiro, descrevendo o estudo e uma cópia da carta que tínhamos recebido do presidente do UMWA, Arnold Miller. Estes esforços produziram os seus frutos, uma vez que apenas dois dos 124 mineiros se recusaram a participar.
14. O Arbitration Review Board, que funcionou na indústria carbonífera entre 1974 e 1979, reviu aproximadamente dez por cento de todas as decisões arbitrais.
15. Os estatutos do UMWA à data em vigor proibiam os mineiros de se envolverem em greves não autorizadas pelo sindicato e previam uma multa até 200 dólares por violação dessa proibição.
16. Walton, R. *Interpersonal Peacemaking: Confrontations and Third-Party Consultation.* Reading, Massachusetts: Addison Wesley, 1969.
17. Blake, R. R., Sheppard, H. A., e Mouton, J. S. *Managing Intergroup Conflict in Industry.* Houston Texas: Gulf, 1964.
18. Campbell, J. P., e Dunnette, M. D. "Effectiveness of T-Group Experiences in Managerial Training and Development." *Psychological Bulletin*, 1968, 70, 73-104.
19. A literatura sobre mudança de atitudes revela claramente que as atitudes se modificam após uma mudança de comportamento. McGuire, W. J. "The Nature of Attitudes and Attitude Change." *In* G. Lindzey e E. Aronson (eds.) *Handbook of Social Psychology.* Reading, Massachusetts: Addison-Wesley, 1969, 3, pp. 136-314.
20. Os Estatutos do UMWA prevêem que apenas o presidente internacional tem poder para autorizar uma greve, mas não contêm disposições sancionatórias para membros do sindicato que infrinjam essa cláusula. Estatutos do UMWA, Artigo 19º, secção 7.
21. The President's Commission on Coal. Labor-Management Seminar III, "Factors Affecting Wildcat Strikes." Washington, D.C: U.S. Government Printing Office. 1979, pp. 1-9, 70-74.

Capítulo 6

1. Williams e Sexton são pseudónimos, como aliás todos os nomes dos funcionários sindicais e empresariais relacionados com Caney Creek.

2. Como já foi referido, o procedimento de resolução de queixas contratuais compreende quatro etapas. Na Etapa 1, o mineiro fala com o seu encarregado. Na Etapa 2, a comissão sindical e um dirigente da empresa envolvem-se na negociação. Na Etapa 3, entra em cena um representante do distrito sindical para uma última tentativa de acordo. A Etapa 4 é a arbitragem.
3. Nos termos do contrato entre os mineiros e as empresas de exploração, uma vaga que não seja preenchida por um candidato qualificado do contingente da mina ou por um trabalhador cujo contrato tenha sido suspenso poderá ser atribuída a um novo colaborador.
4. Schein, E. H. *Organizational Psychology*. (3ª ed.) Englewood Cliffs, Nova Jérsia: Prentice-Hall, 1980, pp. 22-24.
5. The President's Commission on Coal. Labor-Management Seminar III, "Factors Affecting Wildcat Strikes." Washington, D. C.: U. S. Government Printing Office, 1979, p. 63.
6. Kolb, D. M. "Who Are Organizational Third Parties and What Do They Do?" *In* R. J. Lewicki, B. H. Sheppard, e M. H. Bazerman (eds.), *Research on Negotiations in Organizations*. Greenwich, Connecticut: JAI Press, 1986.
7. Conversa telefónica com os autores, 15 Fev. 1988.
8. *Ibid.*
9. Conversa telefónica com os autores, 3 de Março de 1988.

Capítulo 7

1. O trabalho num dia de folga deve ser igualmente partilhado, em conformidade com a prática e o costume anteriores. National Bituminous Coal Wage Agreement de 1971, Artigo IV, Secção (c) (7)
2. Brett, J. M., e Goldberg, S. B. "Wildcat Strikes in Bituminous Coal Mining." *Industrial and Labor Relations Review*, 1979, 32, 465-483.
3. Embora seja prática corrente mencionar o "procedimento" de resolução de queixas por incumprimento contratual e tenhamos seguido essa prática, deve sublinhar-se que não se trata de um procedimento mas de dois: uma negociação em três fases, seguida de arbitragem.
4. *Vaca v. Sipes*, 386 U.S. 171 (1967)
5. Fleming, R. W. *The Labor Arbitration Process*. Urbana: University of Illinois Press, 1967.
6. Goldberg, S. B. "The Mediation of Grievances Under a Collective Bargaining Contract: An Alternative to Arbitration." *Northwestern University Law Review*, 1982, 77, 270--375. Estes números não devem ser interpretados como indicadores de um emprego generalizado da mediação. A partir de 1979, apenas três por cento de todas as CCT dos EUA utilizavam a mediação de reivindicações e o recurso ao método era raro. De facto, com excepção de alguns artigos de jornal ocasionais que sugeriam uma maior utilização da mediação de reivindicações, no início da década de 1980 o procedimento era basicamente desconhecido nas relações laborais do país.
7. Goldberg, S. B., e Hobgood, W. P. *Mediating Grievances: A Cooperative Solution*. Washington , D. C.: Bureau of Labor-Management Relations and Cooperative Programs, U. S. Department of Labor, 1987.
8. Relativamente a outros argumentos a favor e contra o emprego da mediação, ver o Capítulo 3. O desejo de preservar a componente de mediação da nossa intervenção

NOTAS

levou-nos também a rejeitar o processo de arbitragem acelerada utilizado por algumas indústrias como forma de reduzir os custos da arbitragem convencional. Independentemente do valor da arbitragem acelerada nesta matéria, não passa, na melhor das hipóteses, de uma decisão judicial de custo reduzido nem promove a negociação baseada nos interesses.

9. Alguns árbitros não encaravam com agrado a disponibilidade da mediação, por recearem que esta ameaçasse a procura dos seus serviços. Apesar da oposição arbitral, por si só, não impedir um empregador e um sindicato de tentarem a mediação, a opinião desfavorável de um árbitro conceituado poderia influenciar a sua decisão. Tentámos neutralizar esta fonte potencial de oposição, incentivando os árbitros interessados na mediação a adquirirem formação e desempenharem as funções de mediadores.
10. A partir de Abril de 1981, os custos da arbitragem passaram a ser integralmente suportados pelas empresas e distritos sindicais participantes.
11. Valtin, R. "Discussion: Mediation of Grievances." *Proceedings*, 35th Annual Meeting, Industrial Relations Research Association. Madison, Wisconsin: Industrial Relations Research Association, 1983, pp. 260-264.
12. Warren, J. "Mediation Cools Off the Coalfields." Chicago Tribune, 8 Out. 1985, Sec. 3, p. 1. Copyright© *Chicago Tribune Company*, reservados todos os direitos, utilização autorizada.
13. Após cada caso, o mediador entregava-nos um impresso no qual indicava se tinha havido acordo e, em caso afirmativo, os termos do mesmo. Estes impressos, que mencionavam também os honorários do mediador no caso específico, foram posteriormente utilizados como base para o nosso relatório anual às partes.
14. Não dispomos de elementos sobre os restantes 27 por cento dos acordos, dado que os mesmos ocorreram após conclusão da mediação.
15. Ver também Sarno, F. "A Management Approach." *Proceedings*, 36th Annual Meeting, National Academy of Arbitrators. Washington, D. C.: Bureau of National Affairs, 1984, pp. 136-139. (A taxa de acordos na Etapa 3 aumentou significativamente em Indiana e manteve-se praticamente inalterada em Illinois.)
16. A média de arbitragens não se refere à indústria na sua globalidade, mas apenas ao Distrito 28, no qual o número de mediações foi superior ao de qualquer outro.
17. Se tivéssemos tido oportunidade, teríamos argumentado que o mediador não tem poder para interferir nas actividades da empresa; apenas os representantes empresariais que obtêm acordos inadequados na mediação podem fazê-lo. Em contrapartida, o árbitro tem poder para proferir decisões vinculativas sem a aprovação do representante da empresa e sem ter em conta o impacto da sua decisão na actividade da mesma.
18. Uma empresa carbonífera e uma empresa de um outro sector industrial interromperam a mediação por este motivo. Assim sendo, uma limitação aparente da mediação é o facto de o procedimento não resultar se qualquer das partes for sujeita a pressões que dificultem a assunção de compromissos razoáveis. Em relação à empresa, esta pressão pode ser exercida pelos responsáveis operacionais que têm poderes para dirigir as acções dos colaboradores de relações laborais que representam a entidade patronal na mediação. Temos conhecimento de uma empresa em que esse poder foi utilizado regularmente para inviabilizar acordos que pareciam satisfazer os interesses de ambas as partes. Temos dúvidas de que o sindicato esteja disposto a manter a mediação com essa empresa por muito mais tempo.

19. O conselho de administração da MREP era constituído por Brett, Goldberg, William Hobgood e Rolf Valtin. O Gabinete de Serviços Administrativos da instituição encontra-se sob a competente chefia de Dawn Harris, desde a sua abertura em 1983.
20. A forte dependência da arbitragem evidenciada pela indústria ferroviária deve-se, em certa medida, ao facto de os honorários e despesas dos árbitros serem pagos pelo governo dos EUA e não pelas partes. Ver Nolan, D. R., e Abrams, R. I. "American Labor Arbitration: The Early Years." *University of Florida Law Review*, 1983, 35, 373-421.
21. Goldberg, S. B. "The Mediation of Grievances Under a Collective Bargaining Contract: An Alternative to Arbitration." *Northwestern University Law Review*, 1982, 77, 270-315.
22. A tendência dos advogados para se oporem a métodos de resolução de conflitos alternativos ao processo judicial tem sido referida noutros contextos distintos da mediação. Riskin, L.L. "Mediation and Lawyers." *Ohio State University Law Journal*, 1982, 43, 29-60; Goldberg, S. B., Green, E. D., e Sander F.E.A. *Dispute Resolution*. Boston: Little, Brown, 1985, pp. 486-488. Na indústria do carvão, a CCT proíbe as partes de se fazerem representar por advogados na mediação, pelo que a oposição pelos advogados por motivos económicos não constituiu um problema neste contexto.
23. Entre 1983 e 1986, o custo médio da arbitragem a nível nacional foi de 1408 dólares, sendo o tempo médio entre o pedido de arbitragem e a decisão arbitral de 235 dias. Federal Mediation and Conciliation Service. *39th Annual Report, Fiscal Year 1986*. Washington, D. C.: U.S. Government Printing Office, 1988.

Capítulo 8

1. Ver Goldman, R. M., *From Warriors to Politicians: Party Systems as Institutional Alternatives to Warfare*. Manuscrito não publicado.

 Positive Organization Facilitators

A Convirgente (www.convirgente.com) é *a primeira empresa consultora portuguesa especializada na prevenção, gestão e resolução de conflitos inter-organizacionais e intra-organizacionais.* Fundada por quatro mediadores com uma vasta experiência no mundo empresarial português e internacional, a Convirgente oferece uma gama de serviços única no mercado nacional, em parceria exclusiva com os melhores institutos e consultores estrangeiros, tais como o ADR Group (GB), o MTI (EUA), o "Center for Conflict Dynamics" do Eckerd College (EUA) e a Cinergy (Canada).

MISSÃO

A missão da Convirgente consiste em habilitar as organizações a serem *mais produtivas, mais rentáveis e mais harmoniosas* através da criação, do desenvolvimento e da manutenção de sistemas *personalizados* de prevenção, de gestão e de resolução dos conflitos.

OFERTA DE SERVIÇOS

Prevenção
- Avaliação pessoal
- Avaliação organizacional e plano estratégico
- Desenvolvimento de competências
- Facilitação

Acompanhamento
- *Executive Conflict Coaching*
- Seguimento e actualização dos sistemas
- *Workshops* avançados

Gestão
- Criação de sistemas
- *Outsourcing* de sistemas
- Facilitação
- *Executive Conflict Coaching*

Resolução
- Mediação
- *Executive Conflict Coaching*

Gostou deste livro? Oferecemos-lhe a oportunidade de comprar outros dos nossos títulos. O envio é gratuito (correio normal) para Portugal Continental e Ilhas.

	Título / Autor	Preço
☐	**Sociedade Pós-Capitalista** — Peter F. Drucker	19 € + iva = 19,95 €
☐	**Liderança Inteligente** — Alan Hooper e John Potter	19 € + iva = 19,95 €
☐	**O que é a Gestão** — Joan Magretta	19 € + iva = 19,95 €
☐	**A Agenda** — Michael Hammer	19 € + iva = 19,95 €
☐	**O Mundo das Marcas** — Vários	20 € + iva = 21,00 €
☐	**Vencer** — Jack e Suzy Welch	21 € + iva = 22,05 €
☐	**Como Enriquecer na Bolsa** — Mary Buffett e David Clark com Warren Buffett	16 € + iva = 16,80 €
☐	**Vencer** (áudio) — Jack e Suzy Welch	15 € + iva = 18,15 €
☐	**O Diário de Drucker** (versão capa mole) — Peter Drucker com Joseph A. Maciarello	19 € + iva = 19,95 €
☐	**O Mundo é Plano** — Thomas L. Friedman	20 € + iva = 21,00 €
☐	**O Futuro é Hoje** — John C. Maxwell	19 € + iva = 19,95 €
☐	**Vencedores Natos** — Robin Sieger	19 € + iva = 19,95 €
☐	**Nunca Almoce Sozinho** — Keith Ferrazzi com Tahl Raz	19 € + iva = 19,95 €
☐	**Sou Director, e Agora?** — Thomas J. Neff e James M. Citrin	19 € + iva = 19,95 €
☐	**O Meu Eu e Outros Temas Importantes** — Charles Handy	19 € + iva = 19,95 €
☐	**Buzzmarketing** — Mark Hughes	19 € + iva = 19,95 €
☐	**A Revolução da Riqueza** — Alvin e Heidi Toffler	21 € + iva = 22,05 €
☐	**A Cauda Longa** — Chris Anderson	20 € + iva = 21,00 €
☐	**Vencer: As Respostas** — Jack e Suzy Welch	19 € + iva = 19,95 €
☐	**Um Nível Superior de Liderança** — Ken Blanchard	19 € + iva = 19,95 €
☐	**Know-How** — Ram Charan	19 € + iva = 19,95 €
☐	**Mavericks no trabalho** — William C. Taylor e Polly LaBarre	20 € + iva = 21,00 €
☐	**O Poder de uma Hora** — Dave Lakhani	19 € + iva = 19,95 €
☐	**A Cauda Longa** (áudio) — Chris Anderson	17 € + iva = 20,40 €
☐	**Onde Estão os Bons Líderes?** — Lee Iacocca com Catherine Whitney	19 € + iva = 19,95 €
☐	**O Que é o Lean Six Sigma** — Mike George, Dave Rowlands e Bill Kastle	16 € + iva = 16,80 €
☐	**Correspondência Comercial Eficaz** — John A. Carey	20 € + iva = 21,00 €
☐	**Ganhar com a Biodiversidade** — João Pereira Miguel, Luís Ribeiro Rosa e Susana Barros	16 € + iva = 16,80 €
☐	**O essencial de Drucker** — Peter F. Drucker	19 € + iva = 19,95 €
☐	**Andy Grove** — Richard S. Tedlow	21 € + iva = 22,05 €
☐	**O Pequeno Livro Vermelho de Respostas Sobre Vendas** — Jeffrey Gitomer	15 € + iva = 15,75 €
☐	**Quente, Plano e Cheio** — Thomas L. Friedman	21 € + iva = 22,05 €
☐	**A Caixa** — Mark Levinson	20,95 € + iva = 22 €
☐	**Controle as regras do jogo** — A. G. Lafley com Ram Charan	20 € + iva = 21,00 €
☐	**Efeito Bola de Neve** — Alice Schroeder	36,19 € + iva = 38 €
☐	**Sentido de urgência** — John P. Kotter	17,14 € + iva = 18 €
☐	**O que diz Warren Buffett** — Janet Lowe	17,14 € + iva = 18 €
☐	**Como é que aquele idiota é rico e eu não?** — Robert Shemin	19,05 € + iva = 20 €
☐	**O que diz Jack Welch** — Janet Lowe	17,14 € + iva = 18 €
☐	**GTD - Fazer bem as coisas** — David Allen	22,85 € + iva = 24 €

Colecção Espírito de Negócios

	Título / Autor	Preço
☐	**Gestão do Tempo** — Polly Bird	18 € + iva = 18,90 €
☐	**O Poder do Pensamento Positivo nos Negócios** — Scott W. Ventrella	18 € + iva = 18,90 €
☐	**A Arte da Liderança Pessoal** — Randi B. Noyes	18 € + iva = 18,90 €
☐	**Comunicar com Sucesso** — Perry Wood	18 € + iva = 18,90 €
☐	**Persuasão** — Dave Lakhani	18 € + iva = 18,90 €
☐	**Como destruir uma empresa em 12 meses… ou antes** — Luis Castañeda	18 € + iva = 18,90 €
☐	**Ler Depressa** — Tina Konstant	18 € + iva = 18,90 €
☐	**Como gerir pessoas difíceis** — Carrie Mason Draffen	18 € + iva = 18,90 €
☐	**Saber trabalhar melhor** — Mark Gulston	18 € + iva = 18,90 €
☐	**É hora de decidir** — Michael Useem	18 € + iva = 18,90 €
☐	**A verdade sobre a negociação** — Leigh Thompson	18 € + iva = 18,90 €
☐	**Você, L.da** — Harry e Christine Beckwith	18 € + iva = 18,90 €
☐	**Reuniões eficazes** — Larry Dressler	18 € + iva = 18,90 €

Colecção Harvard Business School Press

	Título / Autor	Preço
☐	**Visão Periférica** — George S. Day e Paul J.H. Schoemaker	20 € + iva = 21,00 €
☐	**Questões de Carácter** — Joseph L. Badaracco, Jr.	20 € + iva = 21,00 €
☐	**A estratégia Oceano Azul** — W. Chan Kim e Renée Mauborgne	20 € + iva = 21,00 €
☐	**Síndrome do Macho Alfa** — Kate Ludenman e Eddie Erlandson	20 € + iva = 21,00 €
☐	**O Futuro da Gestão** — Gary Hamel	20 € + iva = 21,00 €
☐	**Cinco Mentes Para o Futuro** — Howard Gardner	20 € + iva = 21,00 €
☐	**Payback** — James P. Andrew e Harold L. Sirkin	20 € + iva = 21,00 €
☐	**Ultrapassar o Impasse** — Timothy Butler	20 € + iva = 21,00 €
☐	**Recomeçar de Novo** — Jeffrey Sonnenfeld e Andrew Ward	20 € + iva = 21,00 €
☐	**O Imperativo da Produtividade** — Editado por Diana Farrell	18,85 € + iva = 19,90 €
☐	**Deslocalização** — Editado por Diana Farrell	18,85 € + iva = 19,90 €
☐	**Motivar o Crescimento** — Editado por Diana Farrell	18,85 € + iva = 19,90 €
☐	**Imparável** — Chris Zook	18,85 € + iva = 19,90 €
☐	**Prémio de Execução** — Robert S. Kaplan e David P. Norton	20,95 € + iva = 22 €

Colecção Jovem Empreendedor

	Título / Autor	Preço
☐	**Por que é que os empreendedores devem comer bananas** — Simon Tupman	19 € + iva = 19,95 €
☐	**Qualquer um consegue** — Sahar e Bobby Hashemi	19 € + iva = 19,95 €
☐	**iWoz** — Steve Wozniak e Gina Smith	20,95 € + iva = 22 €

Colecção Conceitos Actuais

	Título / Autor	Preço
☐	**Afinal quem são "eles"?** — B.J. Gallagher e Steve Ventura	16 € + iva = 16,80 €
☐	**O Tao de Warren Buffett** — Mary Buffett e David Clark	12 € + iva = 12,60 €
☐	**As leis "não escritas" da gestão** — W.J. King (actualização de G. Skakoon)	12 € + iva = 12,60 €
☐	**Os melhores conselhos de investimento que recebi** — Liz Claman	12 € + iva = 12,60 €
☐	**A revolução do hamster** — Mike Song, Vicky Halsey e Tim Burress	12 € + iva = 12,60 €
☐	**Gerir a mudança** — Série Lessons Learned	12 € + iva = 12,60 €
☐	**Liderar pelo exemplo** — Série Lessons Learned	11,42 € + iva = 12 €
☐	**Gerir a carreira** — Série Lessons Learned	11,42 € + iva = 12 €

Pode enviar o pagamento por cheque cruzado, ao cuidado de **Conjuntura Actual Editora** para a seguinte morada:
Rua Luciano Cordeiro, 123 - 1º Esq. | 1069-157 Lisboa | Portugal
Por favor inclua o nome completo, morada e número de contribuinte.

Os preços, adequados à data em que o livro foi editado e à disponibilidade, podem ser alterados.
Para mais informações visite o nosso site: **www.actualeditora.com**